사람 사는
세상을
꿈꾼 사람들

사람사는 세상을 꿈꾼 사람들

2015년 6월 1일 제1판 제1쇄 인쇄
2015년 6월 8일 제1판 제1쇄 발행

지은이   안덕훈
펴낸이   강봉구

마케팅   윤태성
디자인   비단길
인쇄제본   (주)아이엠피

펴낸곳   작은숲출판사
등록번호   제406-2013-0000801호
주소   413-170 경기도 파주시 신촌로 21-30(신촌동)
서울사무소 100-250 서울시 중구 퇴계로 32길 34
전화   070-4067-8569
팩스   0505-499-5860
홈페이지   http://cafe.daum.net/littlef2010
페이스북   http://www.facebook.com/littlef2010
이메일   littlef2010@daum.net

©안덕훈

ISBN 978-89-97581-73-3   43990
값은 뒤표지에 있습니다.

열세 살 내 인생

내 인생의 첫 멘토 리더

안덕훈 글

사람 사는 세상을 꿈꾼 사람들

작은숲

차례

머리말

1

청소년들에게 장래 희망을 물어보면 '대통령' 또는 '장군'이라는 대답이 가장 많았던 시절이 있었습니다. 최근에는 교사, 공무원과 같은 안정된 직업을 장래 희망으로 대답하는 학생들이 많아졌다고 합니다. 이를 두고 일부에서는 꿈이 쪼그라들었다며 청소년들을 걱정하는 사람들도 있습니다.

하지만 교사나 공무원의 중요성이 결코 대통령이나 장군보다 덜하지는 않을 것입니다. 권력과 명예를 얻을 수 있는 직업을 선호하는 시대는 지났습니다. 보람과 자부심을 가지고 스스로의 삶을 아름답게 꾸려나갈 수 있다면, 어떠한 직업에 종사하든 그 자체로 고귀한 가치를 실

현할 수 있기 때문입니다.

2

문제는 다른 데 있다고 생각합니다. 예전이나 지금이나 장래 희망을
물으면 특정한 직업이나 직책을 들어 '무엇이 되겠다.'라고 대답한다
는 점입니다. '무엇이 되겠다.'로 그칠 게 아니라 '무엇이 되어 어떻게
살아가겠다.' 또는 '무엇이 되어 어떠한 세상을 만들어 가겠다.'라고
대답할 수 있을 때 우리는 올바른 목표를 향해 나아갈 수 있습니다.
직업이나 직책은 목적이 아니라 수단이기 때문입니다. '대통령'이라
는 직책은 살기 좋은 사회를 만들어 가기 위한 수단이고, '교사'라는

직업은 자라나는 청소년을 올바른 길로 이끌기 위해 필요한 과정일 뿐입니다.

또 목적이 올바르고 확실하다면 수단은 상황에 따라 변할 수 있습니다. 좋은 사회를 만들겠다는 목적을 이루기 위해서는 대통령이라는 수단을 선택할 수 있지만, 환경운동가로 활동하거나 사회복지사로 봉사하는 방법도 있습니다. 물론 명예를 얻고 돈과 권력을 갖는 것이 나쁜 것만은 아닙니다. 하지만 목적과 수단이 뒤바뀐다면 그것은 맹목적 욕망이 됩니다.

역사적으로도 그러한 맹목적 욕망 때문에 자신은 물론 사회공동체에도 커다란 고통을 준 경우가 있습니다. 대표적인 예로 히틀러를 꼽을 수 있는데, 그는 자신의 권력을 위해 수많은 사람들의 생명과 자유를

빼앗았습니다. 그는 권력이 '수단'이라는 점을 망각하고 오로지 권력 장악을 '목적'으로 삼았기에 역사의 죄인으로 기록되었습니다. 우리나라에도 비슷한 사례가 있습니다. 바로 12·12 쿠데타로 권력을 잡은 독재자 전두환입니다. 그 역시 대통령이 되겠다는 목적을 달성하기 위해 수많은 시민들을 죽음으로 내몰았습니다. 이들 사례는 삶의 진정한 목적과 가치를 망각한 맹목적 욕망이 얼마나 위험한 것인지를 보여 주는 역사의 교훈입니다.

3

이 책에는 아홉 명의 리더가 등장합니다. 이들이 살아간 시대와 국가

는 다르지만 이들 모두는 자신이 정한 삶의 목표와 가치를 위해 평생을 바친 사람들입니다. '무엇이 되겠다.'보다는 '어떻게 살겠다.' 또는 '어떤 사회를 만들겠다.'라는 목표로 살았던 사람들입니다. 이들이 가진 리더십은 지금도 많은 사람들의 귀감이 되고 있습니다.

물론 이 책에서 소개하는 아홉 명의 인물들이 완벽하지는 않습니다. 이들 역시 살아가는 동안 중대한 실수와 잘못된 판단을 한 적도 있습니다. 그럼에도 아홉 명의 리더는 보다 큰 목적을 위해 맹목적 욕망을 버린 인물들이라는 점에서 우리에게 진정한 리더의 모습이 무엇인지 생각하게 해 줍니다.

4

살아가는 동안 수많은 욕망이 우리를 유혹할 것입니다. 때론 실수를 저지르고 잘못된 판단을 할 수도 있을 것입니다. 그럴 땐 이 책에서 만난 아홉 명의 사람들을 떠올려 보세요. 그리고 스스로 삶의 진정한 목적이 무엇인지, 진정한 리더는 어떻게 만들어지는지 생각해 보세요.

2015년 5월

안덕훈

간디

작은 욕망을 버리고
큰 욕망을 추구한 인도 독립의 아버지

"저는 서양 옷을 입고,
영어로 된 책으로 영국법을 공부하여
변호사가 되었습니다.
하지만
저는 인도인입니다.
우리는 모두 인도인입니다."

빼앗긴 나라
식민지의 땅 인도 대륙……

그곳에 희망이라는 단어는 없었다.
가난과 차별, 억압과 착취에 숨죽이고 있었다.

인도 대륙의 지배자는
세계 최강의 대영제국_{영국}!

110년 긴 세월 동안
영국의 식민 지배를 받아 온 인도 사람들 누구도 감히
영국으로부터 벗어나 독립을 이루겠다는 욕망을 품지 못했다.

식민지로 전락한 지 112년째 되던 1869년*,
인도의 한 마을에서 아주 평범한 아이 하나가 태어났다.

운동도 못하는 약한 아이.
수줍음이 많아 친구들 앞에 나서지도 못했던 아이.
그 이름은
모한다스 카람찬드 간디.

훗날

그의 이름 앞에는

위대한 영혼이라는 뜻의 **'마하트마'**라는

별칭이 붙게 된다.

위대한 영혼,
인도 독립의 아버지,
살아 있는 성자, 마하트마 간디!

인도의 식민지화 영국이 인도에 눈독을 들이기 시작한 것은 1757년으로 거슬러 올라
간다. 당시 무굴제국이 다스리던 인도 벵골 지역에 영국의 동인도회사가 군대를 이끌
고 오면서 인도는 영국의 먹잇감이 되었다. 막강한 군사력과 경제력을 앞세운 영국의
힘 앞에 인도는 힘없이 무너졌다.

어린 시절의 간디는 나약한 청소년에 불과했다. 인도의 전통에 따라 13살 어린 나이에 결혼을 해야 했다. 신부 역시 12살 소녀에 불과했던 카스투르바.

결혼 후 찾아온 사춘기 방황……
친구들과 어울리며
고기, 담배, 술 등
쾌락에 빠져들었다.

그런데……
갑작스런 아버지의 죽음!

간디는 엄청난 충격에 빠졌다. 욕망과 쾌락에 빠져 방탕한 생활을 한 자신 때문에 아버지가 돌아가셨다고 생각한 간디는 그때부터 모든 쾌락을 멀리하고 금욕 생활을 결심한다.

"당시 나는 아내를 남편의 기쁨과 슬픔을 함께할 협력자이자 동료이자 동반자가 아니라, 남편의 명령을 그대로 따르며 남편의 정욕을 해소하는 대상이라고 생각했습니다. 그러나 나는 더 이상 맹목적이고 앞뒤 가리지 않는 남편이 아니어야 했습니다. 더 이상 아내를 소유의 대상으로 여기지 않으며, 서로 친구가 되려고 애썼습니다."

**욕망을 위해 살았던 청소년 시절의
욕망을 버리자 더 큰 욕망이 생겨났다.
욕망을 버리자 현실과 미래가
보이기 시작했다.**

1887년, 18세의 나이로 고등학교를 졸업한 간디는 영국으로 건너간다. 런던 대학에서 법학을 전공하며 법학 관련 책 이외에 신앙과 철학에 걸친 다양한 공부에 빠져들었다.

톨스토이, 마르크스 등
사회적 억압을 비판했던 학자들을 통해
세상에 눈을 뜨게 된다.
그중에서도 그는 헨리 데이비드 소로*의 **시민 불복종**에
관심을 기울였다. 간디의 그러한 노력은 그가 영국 문화에
완전히 빠지지 않고 인도인으로서 자신의정체성을
확립하는 데 큰 영향을 주었다.

데이비드 소로(Thoreau, Henry David) 미국 사상가 겸 수필가. 자연에 대해서 뿐만
아니라 사회문제에 대해서도 항상 민감한 반응을 보여 왔다. 멕시코 전쟁에 반대하여
인두세 납부를 거절한 죄로 투옥 당했다. 그때 경험을 기초로 쓴 『시민 불복종』은 후
에 간디의 운동에 커다란 영향을 주었다.

1891년 법학 학위를 받고 변호사 자격을 얻은 간디는
고국 인도로 돌아온다. 그러나 고향으로 돌아온 그는
뜻밖의 소식을 듣게 된다.

어머니의 죽음······

가족들은 간디가 충격받을 것을 우려하여 어머니의 죽음을 알
리지 않았던 것이다.

'나 자신의 출세만을 위해서 살아가는 동안
가족들은 어땠을까?'

아버지 임종을 지키지 못한 것이 마음에 죄로 남아 있던 그는
어머니의 죽음을 지키지 못한 죄책감에
또 다시 방황의 길로 들어선다.
그러나 방황은 길지 않았다.
변호사 자격증은 있었지만
인도에서는 일자리를 얻기 어려웠다.
그런 상황 속에서도 가정을 지키며 두 아이를 탈 없이 키워 내
고 있는 아내가 눈에 들어왔다.

자신의 출세만을 위해 살았던
영국 유학 시절의 욕망을 버리자
더 큰 욕망이 생겨났다.
그것은 가족의 행복이라는 욕망이었다.

변변한 직업도 없이 두 해 동안
실업자 생활을 하던 간디는
1893년 계약직 변호사로 일자리를 얻어
영국령이었던 **남아프리카**로 떠난다.

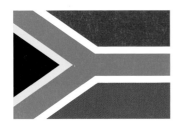

'남아프리카에서 1년 동안 열심히 경력을 쌓고 돈도 버는 거야.
그리고 인도로 다시 돌아와 변호사로 활동하며
편안하게 가족들과 사는 거야.'

간디에게 남은 것은
가장으로서 가족들을 책임지겠다는 욕망뿐이었다.

남아프리카는 인종 차별의 나라였다.

남아프리카에 도착해 변호사로 활동을 시작한 간디가
첫 사건 변론을 위해 프리토리아로 가는 열차를 탔을 때였다.
그는 회사에서 제공한 표에 적힌 대로
일등석 칸에 자리를 잡았다. 곧이어
어떤 승객이 간디가 먼저 자리를 잡은 칸으로 들어왔다.

"나를 아래위로 훑어본 그는 내가 **'유색인'**이라는 사실을 알아차
렸다. 그가 밖으로 나가더니 **관리** 두 사람과 함께 다시 돌아왔다."

관리는 간디에게 화물칸으로 자리를 옮기라고 명령했다.
간디가 자신이 가지고 있던 표를 보여 주며
명령에 거부하자 이번엔 **경찰**을 데려왔다.

**"경찰이 나를 밖으로 밀어냈다.
내 짐들도 바깥으로 내던졌다."**

간디는 텅 빈 기차역에서 추위에 떨며 밤을 보내야 했다.
하지만 추위보다 더 고통스러운 것은 치욕이었다.

'내 권리를 찾기 위해 싸워야 할 것인가? 아니면 인도로 돌아갈 것인가? 그것도 아니면 이 모욕을 참고 일을 계속할 것인가?'

고향으로 돌아가고 싶은 생각이 간절했지만
간디는 추위와 모욕에 치를 떨며
무엇이 현명한 방법인지 생각했다.

'맡은 일을 다 하지 않고 인도로 돌아가는 것은 비겁한 행동이다.'

간디는 남아프리카에 남아서 자신의 권리를 위해 싸우기로 결심한다. 그날의 일은 거대한 권력과 관습에 맞서 평생을 싸우는 삶의 시발점이기도 했다.

"나는 남아프리카가 자긍심이 있는 인도인이 살 곳이 결코 아니라고 보았으며, 이런 상황을 어떻게 개선할 것인가라는 질문에 점점 더 사로잡히게 되었다."

그날 이후 간디는 본업인 변호사 업무보다
유색 인종 권리를 위한 일에 치중한다.

1894년 6월, 변호사 계약 기간이 끝나 고국으로 돌아갈 날이 돌아왔다. 가족을 먹여 살리기 위해 남아프리카에 왔던 간디……. 변호사로서 임무를 성공적으로 마쳤으니 남아프리카에 오면서 가졌던 욕망이 실현된 것이다. 이제 인도로 돌아가 가족들과 행복하게 사는 일만 남았다.

그런데,

간디는 자신의 환송회 자리에서 우연히 신문 기사를 읽게 된다.

'나탈 의회, 인도인의 선거권 박탈 입법화!'

신문 기사를 보는 순간 자신도 모르게 주먹을 움켜쥐었다.

"아직 돌아갈 때가 아니야!"

그는 가족과 함께 행복하게 살고 싶다는 욕망을 내려놓는다.

'나의 욕망을 가족만을 위해서가 아니라 차별받는 인도인 모두를 위해 써야 할 때야! 작은 욕망을 버리고 더 큰 욕망을 위해 싸워야 해.'

간디는 귀국을 포기하고 인도인 권리 찾기 운동에 돌입한다.

영국 정부에 보내는 탄원서 작성,

인도인 서명 운동,

나탈 인도 국민회의 창설,

인도인에게 부과되던 인두세 인하 운동,

피닉스 공동 농장 설립……

가족들과 행복한 삶을 욕망했던 청년 시절의 간디,

그의 가슴은 억압과 차별에 대항하여

싸워 나가겠다는

더 큰 욕망으로 가득차게 된다.

그 무렵

남아프리카의 영국 정부는 **흑법**Black Law*을 선포한다.

이 법은 인도인에게 지문 날인을 강요하고

인도인의 자유를 억압하는 내용을 담고 있었다.

> 흑법(Black Law) 1900년대 초 영국의 식민지였던 남아프리카에는 약 7만 명의 인도인이 이주하여 살고 있었다. 인도 역시 영국의 식민지였기 때문에 많은 인도인들이 남아프리카로 이주했던 것이다. 그런데 남아프리카를 통치하던 영국 정부는 유색 인종을 차별하는 법을 만들었는데, 그중 하나가 바로 흑법이다. 흑법은 인도인의 자유를 억압하는 내용을 담고 있었는데, 흑법의 선포로 간디를 비롯한 많은 인도인들이 흑법 거부 운동에 나서게 된다.

"흑법은 인도인에 대한 모독입니다."

그것은 간디가 평생 동안 정의를 구현하기 위한 운동인 **'사티
아그라하'**의 출발이었다. 간디가 앞장서자 남아프리카의 수
도 요하네스버그에 3천 명의 인도인이 모였다. 모두들 흑법을
거부할 것을 결의했다.

사티아그라하는 **진리**라는 의미의 **'사티아'**와 **주장 또는 힘**
이라는 뜻의 **'그라하'**의 합성어에 **아힘사** 비폭력의 의미가 내
포한 것으로, 간디가 평생 동안 추구했던 '비폭력 저항 운동'을
뜻한다. '사티아그라하'는 정의를 위해서는 한 발짝도 물러서지
않지만 어떠한 폭력도 허용하지 않는 **비폭력** 원칙을 지키는
운동이었다.

"비폭력은 인류가 지닌 가장 위대한 힘이다.
그것은 인류가 고안한 가장 파괴적인 무기보다 강하다."

그 사건으로 간디는 난생처음으로 체포되어 감옥 신세를 지게
된다. 간디가 평생 동안 감옥을 제집처럼 드나들게 되는 과정
의 시작이었다.

체포와 감금이 반복되면서 간디의 투쟁은 더욱 영향력이 커져 갔다. 그는 법률 지식과 조직을 총동원하여 남아프리카에 거주하는 인도인들이 스스로 권리를 찾아 나갈 수 있도록 가르치고 인도인으로서의 자부심을 갖게 했다.

간디는 자신과 가족에 대한 욕망을 버렸다. 대신 남아프리카에 거주하는 모든 인도인의 자유를 위해 더 큰 욕망을 품게 된 것이다.

1915년 간디는 고향 인도로 **귀국**을 결심한다.
22년 동안 미루었던 귀국길이었다.
간디는 더 이상 무명 변호사가 아니었다. 남아프리카에서 '사티아그라하'를 이끌었던 간디는 이미 국제적인 유명 인사가 되어 있었다. 간디는 모든 언론과 국민들의 열화와 같은 환영을 받으며 고국 인도로 돌아온다.

"간디는 이제 유명인이 되었으니 정치인이 되겠지?"

많은 사람들은 간디가 그동안 얻은 **명성을** 바탕으로 정치인으로 활동할 것으로 예상했다.

하지만 고국에 돌아온 간디는 2년 동안 전국을 돌며 가난한 서민들의 현실을 살펴보았다. 그러는 동안 그는 몸소 검약을 실천했다. 기차도 항상 삼등칸을 고집했고 좋은 음식이나 편한 잠자리를 사양했다. 간디가 데칸 고원에 있는 시골 마을을 방문 했을 때 가장 먼저 한 일은 요강과 변기를 씻는 일이었다.

간디의 욕망은 달랐다.
정치인이 되어 권력을 가지려 했다면
그는 편안한 삶을 살았을 것이다.
그러나 그의 욕망은 훨씬 더 큰 곳을 향하고 있었다.
바로 **인도의 독립**이었다.

**"저는 이제부터
더 이상 양복을 입지 않겠습니다."**

**"제가 입을 옷은
제가 직접 만들어 입겠습니다."**

간디는 서양식 양복을 벗고
인도산 옷감으로 지은 소박한 옷으로 갈아입었다.

그것은 **스와데시**국산품 애용 운동의 일환이기도 했으며
일종의 독립운동이었다. 그는 직접 물레를 돌려 옷감을 만들고
직접 자신의 옷을 지어 입었다.

"저는 서양 옷을 입고,
영어로 된 책으로 영국법을 공부하여
변호사가 되었습니다.
하지만
저는 인도인입니다.
우리는 모두 인도인입니다."

영국의 강압 정치는 1920년이 되어서도 멈추지 않았다.

간디는 억압에 대한 항의의 표시로

영국 정부로부터 받은 메달을 반납하고

수천 명의 군중들을 모아 영국산 옷을 불태웠다.

그리고 인도 국민의회의 지도자로서

다시 한 번 전국적인 '사티아그라하'를 전개한다.

하지만 간디의 바람과는 달리

폭력 사태가 벌어졌다.

흥분한 시위대가 경찰관을 산 채로 불에 태워 죽이는

사건이 벌어진 것이다.

간디는 이 사건으로 체포되어 1922년부터 6년간
감옥에 갇히게 된다.
간디가 감옥에 갇혀 있는 동안에도 비극은 계속되었다.
같은 인도 사람인 힌두교도들과 이슬람교도 사이에
폭력 사태가 발생한 것이다.

간디의 욕망, 인도의 독립!
그러나 **독립을 향한 욕망이 폭력을 불러오고
사람들을 죽이기까지 하였다.**

간디는 이에 대한 참회의 뜻으로 3주 동안 **단식**을 감행한다.
1925년 간디는 감옥 안에서 자신의 삶과 사상을 담은 자서전
『나의 진리 실험 이야기』를 쓰기 시작한다. 간디는 더 큰 욕망
을 위해 또 다시 욕망을 내려놓으려 하고 있었다.

"나는 신을 일대일로 대면하고 싶다. 내가 아는 신이란 진리이다. 내게
신을 알 수 있는 수단은 아힘사 비폭력와 사랑밖에 없다."

그가 추구하는 욕망은
진리와 사랑,

그 욕망의 실현 방법은 오로지 **비폭력**이었다.

1930년 3월 12일,

진리와 사랑을 향한

욕망을 비폭력으로 실천하기 위한 여행이 시작되었다.

인도의 내륙 지방인 사바르마티의 공동체 마을 아슈람에서

78명의 사람들이 행진을 시작했다.

행진의 목표 지점은

약 **400km** 떨어진 단디 해변.

이들에겐 자동차도 없고

마차도 없고 짐을 싣는 수레도 없었다.

바닷가를 향해 떠나는 이들의 행진은

오로지 두 다리에만 의지해야 하는 고난의 여정이었다.

행진의 맨 선두에는

허름한 카디인도 서민 남자들의 전통 의상를 걸치고

달랑 지팡이 하나를 든 **61세의 노인**이 있었다.

위대한 영혼, 간디!

사람들은 간디의 뒤를 따라 걷고 또 걸었다. 걷는 도중에 사람들이 사는 마을에 도착하면 그곳 사람들과 함께 밥을 나누어 먹고 마음을 터놓고 이야기를 나누었다. 그리고 다음 여정을 향해 또 걷기 시작했다. 단디 해변을 향한 간디 일행의 행진은 무려 한 달가량이나 이어졌다.

행진이 계속되는 동안
간디를 따르는 사람들이 눈덩이처럼 불어났다.

간디 일행을 만난 마을 사람들이
너도 나도 함께 행렬을 따라 나섰다.
78명으로 시작한 행진은
수천, 수만 명의 길고 긴 행렬이 되어 끝없이 이어졌다.
수만 명의 사람들이 간디의 느린 걸음을 따라 걷고 또 걸었다.
경찰은 행진이 시작될 때부터
참가자를 연행하고 온갖 방법을 동원하여 방해했지만
4월 5일, 목적지인 단디 해변에 도착했을 때
간디를 따르는 사람들의 수는 10만 명에 달했다.

왜?

이들이 스스로 고행길에 나선 까닭은 무엇일까?

소금! 그곳엔 **소금**이 있었다.

4월 5일, 단디 해변에 도착한 간디는 사람들 앞에 나서 말했다.

"소금은 신께서 인간에게 주신 선물입니다.

공기와 물 다음에 인간의 삶에 가장 중요한 필수품입니다.

그것은 **가난한 자들의 유일한 양념**이며

가축들의 생명을 지탱시켜 주는 영양소입니다.

굶주리는 수백만 민중들, 아픈 사람이나 장애인, 아무 것에도 의지할 수 없는 사람이라도

스스로 바닷물을 떠서 소금 만들고 그것을 먹을 권리가 있습니다.

신께서 내린 선물을 어느 한 사람이,

또는 어느 한 나라가 독차지할 수 없습니다.

그러므로 우리는

우리 손으로 소금을 만들어 먹기로 했습니다."

세상에 소금을 직접 만들어 먹겠다니, 바보 같은 짓이 아닐까?
게다가 한두 사람도 아닌 십만 명이나 되는 사람이 왜 이런 미련한 행동을 했을까?

기자들이 모여들었다.
세계의 언론이 간디와 그 일행의 행동에 주목했다.

도착 다음날인 1930년 4월 6일 아침, 간디는 2천 명을 이끌고 바다를 향해 행진했다. 간디는 **맨발**을 바닷물에 담그고 모래 위에 말라붙은 **소금**을 한 움큼 집어 올렸다.

구원자 만세!
자이승리!

지켜보던 사람들의 입에서 함성이 터졌다.
그리고 수천 개의 손이 간디를 따라 소금을 움켜쥐었다.

당시 인도를 식민지로 지배하던 영국,
영국이 선포한 '**소금법**'

'인도 내에서 소비되는 모든 소금은
영국 회사를 통해서만 생산 공급할 수 있으며
50%의 세금을 부과한다.'

소금법은 영국 기업의 폭리를 보장하고 인도인들에게 엄청난
세금을 걷어 영국 정부가 그 이익을 챙기려는 악법이었다.

"**영국 정부를 향해 돌을 던지지 마십시오.**
폭력으로 폭력을 이길 수 없습니다.
우리의 이번 소금 여행은
진리와 사랑의 실천입니다.
사랑만이 억압과 폭력을 이길 수 있습니다."

간디는 소금 행진을 주도한 혐의로 다시 체포된다.
수많은 사람들이 간디를 본받아 소금을 직접 채취하였고,
그들도 감옥에 갇히는 것을 두려워하지 않았다.

진리와 사랑의 실천은
세계적으로 확산되어 갔고,
그가 추구하는 비폭력 저항운동에
세계인들이 감동하기 시작했다.

어떠한 권력과 폭력으로도
간디의 '**위대한 영혼**'을 가둘 수 없었다.

그러나 간디의 노력에도 불구하고
인도의 종교 분열은
더욱 심각한 지경에 이르게 된다.
인도의 통일을 위해 간디가 할 수 있는 일은 더 이상 없었다.
이미 79세의 노인이었던 간디는
불편한 몸으로 생의 **마지막 단식**에 돌입한다.

"내게 죽음이란 인도, 힌두교, 시크교, 이슬람교의
파멸을 무기력하게 지켜보아야 하는 것이 아니라
영광스러운 해방이 될 것이다. ······ 나는 신의 손 안
에 있다."

그러나 간디는

생의 마지막 단식을 끝마치지 못했다.

그가 원하던 '영광스러운 해방'도 볼 수 없었다.

단식 12일째 되는 날,

그를 찾아온 37세의 청년이 있었다.

간디가 그를 축복하기 위해 손을 드는 순간,

청년은 품속에 숨기고 있던

권총을 꺼내 세 발을 발사했다.

간디의 배와 가슴에 총알이 박혔다.

"헤 람, 헤 람 오 신이여, 오 신이여."

간디의 친구이자 인도의 초대 수상이었던 네루는
라디오 방송을 통해 간디의 죽음을 알렸다.

"우리의 삶에서 빛이 사라졌고 사방에 어둠이 깔려 있습니다. ……
친애하는 우리의 지도자, 우리의 **건국의 아버지**는
이제 더 이상 없습니다.
우리는 오랫동안 보아 왔던 그를 다시는 보지 못할 것입니다. ……
이 나라를 비추었던 그 빛은 천 년이 지난 뒤에도
여전히 이 나라를 비추고 있을 것이며,
세계도 그 빛을 보고 있을 것입니다. ……
그 빛은 살아 있는 진리를 대변하기 때문입니다."

간디의 죽음을 접한 수만의 사람들이 모여들었다. 사람들은 장
작더미 위에서 그의 시신이 불타는 모습을 보면서 각자 자신을
반성했다. 간디의 시신은 한 줌 재가 되어 갠지스 강물에 뿌려
졌다.

간디는 인도의 통일독립을 이루어 내지 못했고,

결국 힌두교도와 이슬람교도는 분열되어

인도와 파키스탄으로 갈라졌다.

또한 간디는 인도를 강대국으로 만들지도 못했다.

권력을 가진 사람들은 간디의 사상을

현실성 없는 이상주의에 불과하다고 비판하기도 했다.

그러나

권력자들은 단 한 번도

간디가 몸소 행했던 진리의 실험을 실천해 본 적이 없다.

**"폭력이 성취하는 듯 보이는 선은
오직 외적인 선일 뿐이요,
폭력이 가져오는 해로움은 영원하다."**

간디는 우리에게 위선의 탈을 벗으라고 명령한다.

**"큰일을 생각하지 않고
선한 일을 생각해야 한다.
우리의 적은 우리 자신,
즉 우리의 욕망이다."**

욕망에서 벗어나지 못하고 방황하던 소년, 간디!

자기 앞의 욕망을 버릴 때마다

더 큰 욕망으로 한걸음 나아간 사람!

나를 위한 욕망을 버리고,

가족을 위한 욕망을 버리고,

조국의 독립을 위한 욕망을 넘어서,

진리와 인간에 대한 사랑의 욕망을 실천한

위대한 영혼의 소유자,

간디!

"신을 정의한다면 나는 신이 진리라고 말하겠다.

사랑을 통하지 않고서는 그에게,

즉 진리에 도달할 수 없다."

한까칠 청소년 기자의 가상 인터뷰

모든 생명을 위한 욕망을 가져야……

한까칠 선생님은 요즘도 직접 물레질을 하시는군요.

간디 그렇습니다. 물레를 돌려 실을 뽑고 그 실로 직접 옷을 만들어 입는 것은 제 생활의 일부입니다.

한까칠 약소국이었던 인도 출신으로 세계적인 지도자가 될 수 있었던 비결은 무엇입니까?

간디 저는 평생 내 앞에 놓인 욕심을 버리며 살았습니다. 욕망을 버리면 더 큰 가치를 향해 나아갈 용기가 생깁니다. 그것을 꾸준히 실천하다보니 많은 사람들이 저의 뒤를 따르게 되더군요.

한까칠 그렇다면 우리 청소년들이 좋은 지도자가 되기 위해서는 어떤 실천을 해야 할까요?

간디 누구나 욕망을 가지고 있습니다. 어릴 때는 맛있는 음식을 독차지하고 싶은 욕망, 사춘기 시절에는 마음에 드는 이성 친구를 독점하고 싶은 욕망, 어른이 되면 남들보다 돈을 더 많이 벌고 싶은 욕망이 생깁니다. 욕망은 나쁜 것이 아니지만 작은 욕망을 버릴 때 더 크고 가치 있는 욕망을 가지게 됩니다. 자신만을 위한 욕망이 아니라 더 많은 사람을 위한 욕망, 더 나아가서는 인간뿐 아니라 모든 생명을 위한 욕망으로 발전할 수 있습니다. 그러한 실천을 하다 보면 자연스럽게 좋은 지도자로 성장하게 되는 것입니다.

한까칠 선생님은 인도의 독립을 위해 비폭력의 방법으로 평생을 바치셨습니다. 그런데 인도의 독립을 위해서라면 비폭력보다는 직접 총칼을 들고 영국과 싸우는 것이 더 효과적인 방법이 아니었을까요?

간디 폭력으로는 폭력을 이길 수는 없습니다. 아무리 정당한 이유가 있더라도 폭력은 또 다른 폭력을 불러오게 됩니다. 폭력으로 얻을 수 있는 승리는 일시적입니다. 사랑을 바탕으로 비폭력적인 방법을 통해 얻은 승리야 말로 오래 지속될 수 있습니다.

한까칠 선생님의 비폭력 사상은 많은 사람들의 귀감이 되고 있습니다. 그러나 현재 세계에서는 여전히 폭력과 전쟁이 끊이지 않고 있습니다. 그 이유는 어디에 있다고 보십니까?

간디 사랑의 실천은 나와 다른 생각을 가진 사람을 인정하고 존중하는 데서 시작됩니다. 폭력과 전쟁은 자신과 다른 견해를 가진 사람들을 인정하지 않고 자기의 생각만을 고집하기 때문에 생깁니다. 종교적 대립이나 정치적 대립도 마찬가지입니다. 우선 각자 자신의 욕망을 버리는 자세가 중요합니다. 폭력을 부르는 적은 바로 내 마음속에 있는 욕망이기 때문입니다.

간디 연표

1860

1869 인도 포르반다르에서 출생

1867 일본 메이지 유신
1869 이집트 수에즈 운하 개통

1870

1876 초등학교 입학

1871 신미양요
1876 강화도 조약

1880

1887 영국 유학

1882 임오군란
1884 갑신정변

1890

1891 변호사 자격 시험 합격
1893 남아프리카 더반으로 감
1896 나탈 인도인 이민법 반대 운동
을 이끎

1894 청일전쟁 발발
1896 아관파천

1900

1906 금욕 맹세
1907 사티아그라하 투쟁으로 두 달간
감옥 신세
1908 저항의 의미로 인도인 등록카드
를 태움, 3개월 노역형 선고

1905 을사늑약
1906 샌프란시스코 대지진
1907 헤이그 특사 사건

1910

1913 결혼법 반대 운동으로 아내와 함께 감옥에 갇힘

1915 인도로 돌아옴, 아마다바드에 아쉬람을 세움

1919 롤라트법 반대 운동이 폭력사태화되어 사티아그라하 중단 선언

1918 과도한 세금에 대한 반대투쟁을 승리로 이끔

1913 연방 준비 제도(Federal Reserve system) 창설

1919 대한민국 임시정부 수립

1919 중국 5·4 운동

1920 청산리대첩

1920

1921 전국적인 불매운동과 파업 주모자로 감옥에 갇힘

1930 소금법 반대를 위한 소금행진

1921 중국 공산당 창당

1922 소련 수립

1930

1932 불가촉천민을 위한 단식

1934 힌두교도들의 간디 암살 시도 실패

1932 윤봉길 의사 의거

1934 독일 총통 히틀러 취임

1940

1944 간디가 감옥에 있는 동안 아내 카스투르바이 사망

1947 인도 국민회의 인도 분할(인도-파키스탄) 선포

1948 죽을 때까지의 단식 돌입 힌두교도에 의해 암살

1944 노르망디 상륙작전

1945 8·15 해방

1947 미국 정보기관 CIA 창설

1948 제주 4·3 항쟁

김대중

민주주의에 대한 믿음으로
민족의 운명을 바꾸던 끈기의 리더

"나는 아마도
사형 판결을 받고 처형당하겠지만
그것은 이미 처음부터 각오한 일입니다.
머지않아 반드시
민주주의가 실현될 것입니다.
나는 그걸 확실히 믿고 있습니다."

서자로 태어나 어린 시절부터 불운했던 **아이**,

학업의 꿈을 접어야 했던 **소년**,

성공의 문앞에서 번번이 좌절의 쓴 맛을 보아야 했던 **청년**,

그리고

다섯 번의 죽을 고비!

그 속에서도 꿋꿋하게 살아남아

대한민국에 민주주의와 평화의 씨앗을 뿌린 **사람**……

기쁨과 영광보다는 **좌절과 실패**의 삶을 살았던 사람!

그러나

그는 참고 기다릴 줄 아는 사람이었다.

믿음을 버리지 않았기 때문에 가능한 일이었다.

죽음의 순간에도 그는 믿음으로 기다렸다.

평생 수많은 좌절과 실패를 겪었지만 그는 참고 기다렸다.

기약 없는 기다림, 그것은 고통이었다.

하지만 그는 **운명**을 탓하지 않았다.

언젠가 다가올 미래를 위해

스스로를 다듬어 나가면서 **운명과 맞섰다.**

운명은 하늘로부터 주어지는 것이 아니라

스스로 만들어 가는 것이라 믿었던 사람,

김!
대!
중!

사람들은 그를 '인동초[*]'라고 불렀다.

인동초(忍冬草) 한국 등 동아시아에 서식하는 야생화. 한겨울 추위와 언 땅속에서
도 잎과 줄기가 시들지 않고 꿋꿋하게 견뎌 내 꽃을 피우는 끈질긴 생명력을 상
징한다. 온갖 고난과 탄압에도 굴하지 않은 삶을 살아온 김대중의 삶이 마치 인
동초를 닮았다는 의미에서 그에게 인동초라는 별명이 붙었다.

1997년 12월 18일, 그의 나이 73세!

김대중은 세 번의 도전 끝에

대한민국 제15대 대통령으로 당선된다.

그러나 그는 기쁨을 누릴 틈이 없었다.

대통령 김대중을 기다리고 있는 것은

IMF사태!

대한민국은 부도 위기에 내몰려 있었다.

나라 금고는 텅 비었고, 외국 자본은 썰물처럼

빠져나갔다.

대기업들이 줄줄이 문을 닫고,

수많은 노동자들은 일자리를 잃었다.

소규모 자영업자들은 평생 해오던 가게 문을 닫고

길거리로 쫓겨나는 신세가 되었다.

국민들은 절망에 빠져들었다.

대한민국은 거대한 태풍에 휩싸인 작은 돛단배와 같은

운명으로 빠져들었다.

그때!
대한민국호 선장이 된
대통령! 김대중!

그는 대통령에 취임하기도 전에 팔을 벗고 나섰다.
달러를 구하기 위해 IMF 총재와 외국의 실력자들을 만나
고개를 숙였다.
김대중은 이미 알고 있었다.
민족의 위기 상황에서
대통령의 직무를 수행하는 것은
영광보다는 고통과 인내를 각오해야 한다는 것을.

"불행히도 저는 세 번이나 도전했지만
실패했습니다.
국민들이 저를 이때 쓰시려고
뽑아 주지 않은 것 같습니다.
저는 위기의 강을 건너는 다리가
되겠습니다.
모든 분이 제 등을 타고
위기의 강을 건너십시오."

대통령 취임사에서도 김대중은 여느 대통령과는 달리 고통스러운 현실을 인정해야 했다.

"불행하게도 이 중차대한 시기에 우리에게는 6·25 이후 최대의 국난이라고 할 수 있는 외환위기가 닥쳐왔습니다. ……
물가는 오르고 실업은 늘어날 것입니다. 소득은 떨어지고 기업의 도산은 속출할 것입니다. 우리 모두는 지금 땀과 눈물을 요구받고 있습니다. ……
잘못은 지도층들이 저질러 놓고 고통은 죄 없는 국민이 당하는 것을 생각할 때 한없는 아픔과 울분을 금할 수 없습니다. 이러한 파탄의 책임은 국민 앞에 마땅히 밝혀져야 할 것입니다. ……
국민 여러분은 나라의 위기를 극복하기 위해 '金 모으기'에 나섰고 이미 20억 달러가 넘는 金을 모아 주셨습니다.
저는 황금보다 더 귀중한 국민 여러분의 애국심을 한없이 자랑스럽게 생각합니다.
여러분 감사합니다."

대통령 취임사를 낭독하면서 김대중은 중간 중간 목이 메어 말을 잇지 못했다. 대통령으로서 행하는 첫 연설에서 국민들에게 땀과 눈물을 요구하는 심정은 평생 동안 겪었던 어떠한 고난보다도 더 괴로운 일이었기 때문이었다.

그러나 김대중은 희망을 이야기했다. 평생을 고난과 억압 속에서 살아온 김대중. 그에게 IMF 외환위기는 절망의 늪이 아니라 새로운 희망의 길이었다. 모두가 절망에 빠져 있을 때 김대중은 언제나 희망을 이야기했다.

인동초……

추운 겨울,
얼어붙은 땅에서도 생명력을 잃지 않는 야생화.
인동초를 닮은 김대중, 그의 희망은 어디에서 오는 것일까?
그것은 믿음이었다.
행운의 신은 번번이 김대중을 빗겨 갔지만 그는 믿음을 버리지 않았다. 그는 하느님을 믿었고 매번 자신을 좌절에 빠뜨린 운명을 믿었다. **그리고 자기 자신을 믿었다.**
다섯 번이나 겪었던 죽음의 위기에서 기적처럼 그를 살려 낸 것은 바로 김대중의 **굳은 믿음**이었다.

1950년 6 · 25 전쟁이 터졌을 때,
김대중은 사업차 서울에 출장 중이었다.

**"나 대통령 리승만입니다. 걱정 마십시오. 우리 국
군이 북한군을 무찌르고 있습니다. 서울은 무슨 일
이 있어도 사수할 테니 국민들은 안심하고 각자 제
자리를 지키기 바랍니다."**

김대중은 이승만 대통령의 말을 믿었다. 그러나 **대통령의 말
은 거짓**이었다. 대통령은 이미 서울을 떠나 도망친 후 녹음된
방송으로 국민을 속인 것이었다.

'어떻게 국민의 생명과 안전을 책임져야 하는 정치 지도자가
국민을 속일 수 있단 말인가.'

뒤늦게 피난길에 오른 김대중은
도중에 인민군에게 잡히고 만다.

**"사업가라고?
그렇다면 당신은 인민의 피를 빨아먹는 반동분자요."**

인민군은 사업가였던 김대중을 악질 반동분자로 분류하여 **목포 형무소**에 가두었다. 형무소에 갇힌 200명의 동료들이 하나 둘 끌려 나가 처형을 당했다. 남은 사람은 80명.

형무소 관리인이 감방 문을 열고 이름을 호명했다.

이○○, 조○○, **김대중**, 정○○……

호명된 사람들을 태운 트럭이 밤길을 달리기 시작했다. 아무도 트럭이 도착할 곳이 어딘지 묻지 않았다. 그 누구도 '사형장'이라는 말을 입 밖에 내고 싶지 않았기 때문일 것이다. 김대중은 흔들리는 트럭 안에서 하느님께 간절한 기도를 올렸다. 죽음 앞에서 한 가닥 남은 믿음. 김대중은 믿음을 버리지 않았다. 잠시 후 기적이 일어났다. 멀쩡하던 트럭이 고장이 난 것이다. 그날은 유엔군이 인천에 상륙한 날이었다. 후퇴 명령을 받고 다급해진 인민군들은 처형을 포기하고 북으로 후퇴하기 시작했다. 김대중이 겪은 **첫 번째 죽을 고비**였다.

신과 자신의 운명에 대한 믿음이
그를 죽음의 위기에서 살린 것이다.

1971년 대통령 선거.

엄청난 인파가 장충단 공원으로 몰려들었다. 끝이 보이지 않았다. 대통령 후보 김대중의 연설을 듣기 위해 모여든 사람들이었다. 김대중이 연단에 오르자 그 자리에 모인 시민들은 열광했다.

"존경하고 사랑하는 국민 여러분! 오늘 이곳 장충단 공원의 100만이 넘는, 대한민국에서뿐만 아니라 세계에 유래가 없을 대군중이 모인 것을 보고, 서울 시민의 함성을 보고 이제야말로 정권 교체는, 우리의 승리는 결정 났다는 것을 나는 여러분 앞에 말씀드릴 수 있습니다. 여러분! 이번에 정권 교체를 하지 못하면 이 나라는 박정희씨 영구 집권의 총통시대가 오는 것입니다."

장충단 공원을 가득 채운 **100만** 인파.

가장 놀란 사람은 박정희였다. 이대로 가다가는 절대 김대중을 이길 수 없다는 사실을 안 박정희는 권력 기관과 언론 기관을 총동원하는 불법 선거로 판세를 뒤집으려 했다.

"김대중이 대통령이 되면 경상도는 망한다!
김대중은 북한의 첩자다!"

온갖 흑색선전이 난무했다.

권력기관은 상상할 수도 없는 부정 선거를 저질렀다.[*]

박정희 634만 2828표!
김대중 539만 5900표!

'김대중은 **선거**에서 이기고도 **개표**에서 졌다.'

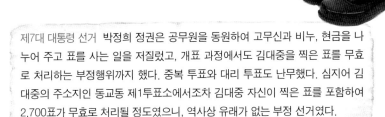

제7대 대통령 선거 박정희 정권은 공무원을 동원하여 고무신과 비누, 현금을 나누어 주고 표를 사는 일을 저질렀고, 개표 과정에서도 김대중을 찍은 표를 무효로 처리하는 부정행위까지 했다. 중복 투표와 대리 투표도 난무했다. 심지어 김대중의 주소지인 동교동 제1투표소에서조차 김대중 자신이 찍은 표를 포함하여 2,700표가 무효로 처리될 정도였으니, 역사상 유래가 없는 부정 선거였다.

박정희에게 도전한 죄, 그것은 **고난의 시작**이었다.

1971년 5월 24일,
그날은 비가 왔다.

대선 패배의 충격을 뒤로 하고 김대중이 전국을 누비며 국회의
원 지원 유세에 나선 길이었다.
김대중을 태운 차가 목포에서 광주로 이어진 2차선 도로를 달
리고 있었다.

멀리서 **대형 트럭**이 나타났다.

트럭이 갑자기 방향을 틀어 김대중이 타고 있던 승용차를 향해
돌진했다. 트럭에 부딪힌 승용차는 4m 아래 논바닥으로 굴러
떨어졌다.
김대중은 차 안에서 정신을 잃었다.
팔 동맥이 잘리고 오른쪽 다리를 다치는 큰 중상을 입었다.

교통사고를 가장해
김대중을 **죽이기** 위한 계략이었다.

"안정을 취하셔야 합니다."
"아니오. 지금 서울에는 수많은 시민들이 나를 기다리고 있소. 당장 가겠소."

김대중은 의사의 만류를 뿌리치고 곧바로 열차를 타고 서울로 올라갔다. 밤 9시가 넘어 영등포역 앞에 도착한 그는 목과 팔다리에 붕대를 감은 채 연단에 올랐다.

**"나는 열 번 쓰러지면 열한 번 일어나고,
백 번 쓰러지면 천 번 일어나서
이 땅에 민주주의를 이루고
대중이 잘사는 나라를 만들겠습니다."**

그날의 사고로 김대중은 평생
지팡이 신세를 져야 했다.

김대중은 생애 두 번째 닥친 죽음의 문턱에서도
믿음을 버리지 않았다.
그 믿음은 민주주의를 열망하는
국민들에 대한 믿음이었다.

1972년,

대한민국 민주주의는 절망의 나락으로 떨어지고 있었다. 부정선거를 통해 가까스로 대통령에 당선된 박정희 정권은 10월 유신*을 선포하고 더 강력한 독재의 칼을 빼들었다. 독재의 칼끝은 박정희 정권으로부터 미운털이 박힌 김대중을 향하고 있었다.

"상황이 심상치 않아요.
아무래도 서울에 오시지 않는 것이 좋을 것 같아요."

일본에 머물던 김대중에게 아내로부터 긴급한 전화가 걸려왔다. 그는 또 다시 죽음의 위기가 다가오고 있음을 직감했다.

하지만 김대중은 예정대로 가자들 앞에 섰다.

"나는 박정희 대통령의 행위가
세계의 여론으로부터 준엄한 비판을
받음과 동시에 민주적 자유를 열망하여
이승만 독재 정권을 타도한
위대한 한국 국민의 힘에 의해 반드시
완전히 실패로 돌아갈 것을 확신하는 바이다."

김대중이 감히 외국을 돌아다니며
주둥아리를 함부로 놀려?

1973년 8월 8일 오후 1시 15분경,

일본의 한 호텔에 묵고 있던 김대중의 방에

괴한이 들이닥쳤다.

괴한들은 마취제로 김대중의 코를 틀어막고

침대 위로 내동댕이쳤다.

"조용히 해.
말을 듣지 않으면 죽여 버리겠다."

김대중은 정신을 잃지 않으려고 안간힘을 썼다.

10월 유신 1972년 10월 박정희 정권이 일본 메이지 유신을 본따 이름 붙이고 헌법을 자신들의 입맛에 맞게 고친 정치적 쿠데타. 1971년 대통령 선거에서 김대중에게 패배할 뻔한 위기를 맞았던 박정희 정권은 기존의 헌법을 무효화시키고 유신헌법을 선포하였다. 유신헌법은 국민이 직접 대통령을 뽑는 선거를 없애고, 국회의원의 1/3을 선거 없이 대통령이 임명하는 내용을 담은 반민주적 독재 헌법이었다. 그후 1987년 6월 항쟁을 통해 대통령 직선제를 쟁취할 때까지 국민들은 대통령을 직접 뽑을 수 없었다.

괴한들은 호텔에서 김대중을 죽이고

시체를 토막 내어 배낭에 넣어 내다 버리려고

준비를 서둘렀다.

그런데,

때마침 누군가 방문을 노크하는 소리가 들렸다.

세 번째 죽을 고비에서 간신히 목숨만을 부지한 것이었다.

괴한들은

김대중을 끌고 가서 배에 태웠다.

호텔에서 죽이려던 계획이 실패하자

바다에 빠뜨려 죽이려 한 것이다.

김대중을 태운 배는 국가 정보기관인 중앙정보부 소속의 용금
호였다. 괴한들은 대한민국 최정예 정보요원들이었던 것이다.

"살려 주십시오.
아직 제게는 할 일이 남아 있습니다.
국민들을 위해 해야 할 일들이 있습니다."

김대중은 온몸이 묶인 채 기도를 올렸다.
그때 **기적이 일어났다.**
어디선가 비행기가 나타나 배 주변을 돌기 시작한 것이다.

이번에도
믿음이 김대중을 살린 것이다.
그것은
민주주의에 대한 **믿음**이었고
민주주의를 사랑하는 사람들에 대한 **믿음**이었다.

"간밤에 박정희 대통령이
살해당했답니다.
중앙정보부장 김재규가 총을 쐈대요."

박정희의 죽음은 독재의 종말을 의미하는 것이었다.
모든 사람들은 박정희의 죽음으로 독재가 끝나고,
민주주의 국가로 거듭날 것으로 예상했다.

하지만 김대중은 착잡했다.

"민주주의는
쿠데타나 암살로 되는 것이 아닙니다.
국민의 힘으로 이루어져야
진정한 민주주의입니다. ……
우리의 투쟁은 비폭력 적극투쟁이라는
간디나 킹 목사의 방법이 가장
적합합니다."

1980년 5월 17일 밤 10시.

김대중 집 초인종이 울렸다. 문을 열자 보안사 소속 군인들이
쏟아져 들어와 김대중에게 총을 겨누었다.

"합수부에서 나왔습니다. 잠깐 가셔야겠습니다."

김대중은 영문도 모른 채 남산 중앙정보부 지하실로 끌려갔다.

전두환 일당이
'김대중 내란 음모사건'을 조작한 것이다.

소식을 접한 광주 시민들은 군인들의 총칼을 두려워하지 않고
거리로 뛰어나와 구호를 외쳤다.

"김대중을 석방하라!"
"비상계엄 해제하라!"
"전두환은 물러가라!"

전두환 세력은 회유와 협박을 시도했다. 김대중은 5·18 광주 민주화 운동 과정에서 수많은 시민들이 죽었다는 사실도 뒤늦게 알게 되었다.

"김대중 선생 당신이 우리에게 협력한다면
대통령직을 제외한 어떤 직책이라도 주겠소.
그러나 협조하지 않는다면
쥐도 새도 모르게 죽여 버릴 것이오."

김대중은 죽기로 결심했다.
무고한 광주 시민들이 민주주의를 지키다가 계엄군의 총에 죽어 갔는데
자신만 살겠다고 전두환과 손을 잡을 수는 없었다.

"나는 협력할 수 없소!"

1980년 9월 13일,
김대중은 군법회의에서 최후 진술을 시작했다.
사형 선고가 예정된 재판이었다.

"나는 아마도 사형 판결을 받고 처형당하겠지만
그것은 이미 처음부터 각오한 일입니다. ……
머지않아 반드시 민주주의가 실현될 것입니다.
나는 그걸 확실히 믿고 있습니다.
그때가 되거든 먼저 죽어간 저를 위해서든,
또 다른 누구를 위해서든
정치 보복을 하지 않도록 부탁하고 싶습니다.
이것이야말로 저의 마지막 남은 소망이고,
하느님의 이름으로 하는 마지막 유언입니다."

김대중의 최후 진술이 끝나자 방청석에서 울음과 만세 소리가
동시에 터져 나왔다. 그 자리에 있던 미국 대사관 직원은 마지
막으로 김대중에게 손으로 십자가를 그어 주었다.

김대중 사형!!

이번엔 그도 죽음을 예감할 수밖에 없었다.

하지만

사형 선고가 내려지는 순간에도

김대중은 희망을 믿었다.

그는 죽음의 순간에도

희망을 버리지 않았다.

그의 믿음은 또 한 번의 기적을 몰고왔다.

"경고합니다.

김대중을 처형하면 여파가 심각할 것입니다."

"사형 집행을 보류하시오."

미국 국방장관, 독일 슈미트 수상, 교황 바로오 2세도

사형 집행을 보류하라는 서신을 청와대에 보내왔다.

오스트리아에서는

감옥에 갇혀 있는 김대중에게

'브루노 크라이스키 인권상'을 주기로 결정했다.

세계 언론들로 연일 대한민국의 민주 지도자 김대중의

사형 판결 소식을 대서특필하고 나섰다.

김대중은 사형에서 무기 징역으로 감형되었다.

다섯 번째 죽을 고비에서 김대중을 살린 것은

역시 믿음이었다.

세계인의 양심과

민주주의에 대한 믿음은

죽음의 공포보다 훨씬 더 강했다.

사형 선고 후 17년 뒤,

여러 번의 실패 끝에 김대중은 드디어 대통령에 당선된다.

IMF 외환 위기를 조기에 극복한 **대통령!**

대한민국을 **IT 강국**으로 이끈 **대통령!!**

총부리를 겨누어야 했던 **남북**을 **화해**의 길로 이끈 **대통령 !!!**

그가 대통령으로서 이룬 성과 역시

변함없는 믿음 덕분에 가능한 일이었다.

2000년 12월 10일,

세계인의 눈과 귀는 노르웨이 오슬로 시청으로 향했다.

노벨상 위원회 위원장은
노벨 평화상 수상자를 소개하기 위해
한 편의 시를 낭독했다.

옛날 옛적에
물 두 방울이 있었다네
하나는 첫 방울이고
다른 것은 마지막 방울
첫 방울은 가장 용감했네
나는 마지막 방울이 되도록 꿈꿀 수 있었네
만사를 뛰어 넘어서 우리가 우리의
자유를 되찾는 그 방울이라네
그렇다면
누가
첫 방울이기를 바라겠는가?

- 노르웨이 시인 군나르 롤드크밤의 시 〈마지막 한 방울〉

자유와 평화를 꿈꾸었던 물방울,

그 물방울은 바로

김대중을 의미했다.

시 낭독이 끝나자 기립 박수가 울려 퍼졌다.
믿음과 끈기의 리더,

김대중에게 보내는 세계인의 찬사였다.

한까칠 청소년 기자의 가상 인터뷰

희망에 대한 믿음과 끈기를 저버리지 말아야

한까칠　대통령님께서는 세계적으로도 유래 없을 만큼 권력으로부터 혹독한 탄압을 받아 오셨습니다. 엄청난 고난을 이겨 낼 수 있었던 힘은 무엇입니까?

김대중　저는 살아오면서 다섯 번의 죽을 고비를 극적으로 넘겼습니다. 괴한의 습격을 받기도 하고, 사형 선고를 받아 언제 죽을지 모르는 공포도 겪었습니다. 하지만 그때마다 저는 희망을 버리지 않았습니다.

한까칠　사람들이 대통령님을 매우 운이 없는 정치인이라고 말하기도 합니다. 국회의원에도 여러 차례 낙선하셨고, 대통령 선거에도 세 번씩이나 패배하셨습니다. 또한 대통령에 당선되었을 때 대한민국은 IMF 위기를 맞고 있었습니다. 그에 대해 억울하거나 아쉽지는 않으셨는지요.

김대중　아니오. 저는 오히려 매우 운이 좋은 정치인이라고 생각합니다. 여러 번의 죽을 고비에서도 국민들의 도움으로 살아났고요. IMF라는 위기에서 저를 대통령으로 뽑아 주신 것도 국민들께서 저를 믿어 주셨기 때문이라고 생각합니다. 덕분에 IMF 위기를 조기에 극복할 수 있었죠. 제가 국민들을 굳게 믿으니 국민들도 저를 믿어 주셨습니다.

한까칠　대통령님께서는 무엇보다도 남북의 평화를 위해 북한과의 대화와 평화를 강조하셨습니다. 그 업적으로 노벨 평화상을 받으셨고요.

그런데 북한을 돕는 것을 '퍼주기'라고 비판하는 사람들도 있습니다.

김대중   남북한의 관계에서 가장 중요한 것은 더 이상 전쟁이 있어서는 안 된다는 사실입니다. 전쟁은 승패를 떠나 무고한 국민들의 고귀한 생명을 희생시키기 때문입니다. 전쟁을 막고 평화를 얻기 위해서는 남과 북이 서로를 인정하고 협력해야 합니다.

그러기 위해서는 투자가 필요합니다. 북한을 돕는 것은 쓸데없는 낭비가 아니라 미래 세대의 평화를 위한 투자입니다. 장기적으로 보면 경제적으로도 우리에게 이익이 됩니다. 북한의 풍부한 자원과 값싸고 수준 높은 노동력을 잘 활용한다면 한국의 경제가 제2의 도약을 할 수 있는 기회가 될 것입니다.

한까칠   자라나는 청소년들이 훌륭한 리더로 성장할 수 있도록 당부 말씀 부탁 드립니다.

김대중   현실이 아무리 어려울지라도 희망에 대한 믿음과 끈기를 버리지 않는다면 꿈은 현실이 됩니다. 우선 자기 자신을 믿고 주변 사람들의 양심을 믿어 보십시오. 당장은 고통스럽고 힘들더라도 올바른 길로 간다면 반드시 꿈을 이룰 수 있습니다.

김대중 연표

1920

1925 출생(전남 신안군 하의도)

1922 소련 수립
1926 6 · 10 만세운동

1930

1934 하의초등학교 2학년 편입
1939 목포상업학교 수석 입학

1932 윤봉길 의사 의거
1933 미국 뉴딜 정책(New Deal) 시행

1940

1943 목포상업학교 졸업
1944 목포상선 취업, 차용애와 결혼,
건국준비위원회 참여
1950 목포일보 사장 취임, 인민군에 체
포, 탈출

1945 UN(국제연합) 탄생
1945 8 · 15 해방
1948 대한민국 정부 수립
1950 6 · 25 전쟁 발발

1950

1951 흥국해운 사장
1954 국회의원(목포) 출마 낙선
1958 국회의원(인제) 출마 무효
1959 국회의원(인제) 출마 낙선, 부인 차
용애와 사별
1960 국회의원 출마 낙선, 민주당 대변인

1951 대일강화조약
1958 중국 대약진운동
1960 4 · 19 혁명

1960

1961 국회의원(인제) 당선, 그러나
5 · 16 군사 쿠데타로 선서도 못함
1962 이희호와 결혼
1963 제6대 국회의원 당선
1970 신민당 대통령 후보

1961 경제협력개발기구(OECD) 설립
1961 5 · 16 군사 쿠데타
1963 박정희 대통령 취임

1970

1971 대통령 선거에서 패배
1972 일본으로 망명
1973 괴한에 의해 납치
1976 구국선언, 징역 5년 선고
1978 석방, 가택 연금
1980 내란 음모로 사형 선고

1972 10월 유신
1973 제1차 석유 파동
1976 마오쩌둥 사망
1979 중국 · 베트남 전쟁
1979 박정희 사망
1980 전두환, 12 · 12 쿠데타,
5 · 18 광주 민주화 운동

1980

1981 무기징역으로 감형
1982 20년형으로 감형, 미국 망명
1985 귀국, 가택연금
1987 제13대 대통령 선거 패배

1982 포클랜드 전쟁
1987 6월 항쟁
1987 노태우 대통령 당선

1990

1992 제14대 대통령 선거 패배
1993 정계 은퇴 후 영국행
1995 정계 복귀
1997 제15대 대통령 당선
2000 남북 정상회담, 노벨 평화상 수상

1992 김영삼 대통령 당선
1992 로스앤젤레스 폭동
1995 세계무역기구(WTO) 출범
1997 IMF 사태

2000

2003 대통령 퇴임
2009 폐렴으로 서거

2003 노무현 대통령 취임
2008 이명박 대통령 취임
2009 노무현 대통령 서거
2009 버락 오바마 미국 대통령 취임

프랭클린
루스벨트

공정의 리더십으로
장애와 불황을 이겨 낸 약자의 친구

"우리가 두려워해야 할
단 한 가지는
바로
두려움
그 자체입니다."

17세기 네덜란드에서 미국으로 이주한 귀족 가문의 **외아들**,
훌륭한 **가문**, 부유한 **가정**, 다정한 **부모**……
세상에 부러울 것이 없었던 **아이**,
프랭클린 델러노 루스벨트.

그는 행운아였다. 아버지 제임스 루스벨트는 어린 루스벨트를
애지중지 키웠다. 어머니 새러 델러노는 아들에게 최고의 교육
과 다양한 취미활동을 할 수 있도록 뒷받침해 주었다. 아버지
와 함께 말을 타고 다니며 가족 소유의 넓은 영지를 누비며 자
연을 접하였고, 휴가 때는 최고급 기차를 통째로 빌려 여행을
다녔다. 여름이면 캐나다 해역에 있는 섬에 머물며 요트를 타
고 여행을 하는 등 서민들은 꿈도 꿀 수 없을 만큼 **축복받은
어린 시절**을 보냈다.

미국 최고급 귀족학교,
'그로턴 스쿨'에서
모범생으로 인정받았고,
미국 최고의 하버드 대학교에
진학해 엘리트로 성장했다.
그리고
변호사가 되어 미국 상류 사회의 일원이 되었다.

루스벨트, 세상 모든 사람들이 부러워할 행운아.

하지만 그는 교만하지 않았다.
상류층이라는 오만함도,
엘리트라는 자만심도 그에겐 없었다.

**"부자는 사회에 빚을 진 사람들이다.
상류층에 속한 사람은 늘 겸손해야 하며
사회적 책임감을 지녀야 한다."**

루스벨트는 평생 동안 자신이 존경한
그로턴 스쿨의 교장, 피버디 선생님의 가르침을 잊지 않았다.

귀족 출신에 엄청난 부자 그리고 명석한 두뇌를 가진 루스벨트의 앞길은 누가 봐도 탄탄대로였다. 그저 앞을 향해 나아가기만 하면 성공이 보장되어 있었다. 루스벨트는 자신에게 주어진 행운을 마다하지 않았다. 자신 앞에 놓인 탄탄대로를 따라 한 걸음씩 앞으로 나아갔다.

하지만 그는 자신의 성공을 향해 앞만 보고 달리는 경주마는 아니었다. **앞을 향해 달리면서도 늘 옆과 뒤를 돌아볼 줄 아는 사람**이었다. 경쟁자를 이기는 데 관심을 갖기보다 경쟁에서 뒤처지는 사람들에게 관심을 가지는 사람이었다.

당시 미국은 '아메리칸 드림'의 나라였다.

누구나 자신의 능력을 발휘하고 행운을 얻으면 부자가 될 수 있는 곳, **아메리카!** 모두들 부자가 되려는 야망을 아메리칸 드림에 담아 질주했다. 성공과 실패는 오로지 개인의 선택에 달려 있었다. 국가는 개인의 경제 활동에 간섭하지 않았다. 능력만 있다면 누구나 성공하여 큰 부자가 될 수 있는 나라였다. 하지만 미국은 실패한 사람에게는 아무런 관심을 두지 않는 나라이기도 했다.

당시 미국 대통령 후버는
다음과 같은 구호로 당선되었다.

**"모든 냄비에 닭고기를,
모든 차고에 자동차를 약속합니다!"**
*I will promise you a chicken in every pot and a
car in every garage.*

모든 사람들을 부자로 만들어 주겠다는 약속이었다. 미국인들
은 모두 그의 말에 환호했다. 그리고 압도적인 지지로 후버를
대통령으로 선출했다.

모두 부자가 되는 꿈을 꾸고 있었고,
정치인들 역시 아메리칸 드림을 외치고 있을 때였다.
미국 경제는 사나운 경주마가 되어
오로지 앞을 향해 달려 나갔다.
세계 최강의 국가,
세계 최고의 부자 나라를 위한 깃발만이 펄럭이고 있었다.
경쟁에서 이긴 자는 영웅이 되었고,
경제에서 뒤처진 자는 잊혀져 갔다.

루스벨트는 아메리칸 드림을 성공적으로 이룬 사람이었다.
누가 보더라도 그는 가장 성공한 미국인 중 한 사람이었다.

하지만
루스벨트는
경쟁에서 밀려난 사람들에게
관심을 가졌다.

1910년, 그는 **정치에 첫발**을 들여놓는다.

상원의원에 당선된 루스벨트는 성공을 말하는 대신
경쟁에서 밀려난 사람들의 권익을 말했다.
농민들과 노동자의 권리 확대를 위한 활동에 힘을 쏟았고,
개혁적인 정책 수립을 위해 자신의 능력을 집중했다.

**"모두들 부자를 꿈꾸고 있습니다.
하지만 미국 경제가 영원히 호황을 누릴 수는
없습니다. 불황에 대비해야 합니다.
가난에서 벗어나지 못하고 있는
우리의 이웃을 돌아봐야 합니다."**

RETURN THE GOVERNMENT TO THE PEOPLE!
ON NOVEMBER 8th.

He's Ready!

Are You?

하지만 정치 신인이었던 그의 말에 귀를 기울이는 사람은 많지 않았다. 대부분의 사람들은 여전히 '부자의 꿈'에만 관심을 두고 있었다.

미국은 조금씩 죽어 가고 있었다.

하지만 대부분의 미국인들은 자신의 나라 미국이 죽어 가고 있다는 사실을 알지 못했다. 미국의 대표적인 언론사 '뉴욕 타임스'마저도 미국이 구렁텅이로 빠져들고 있다는 사실을 까맣게 모르고 있었다.

**"미국은 지난 12개월 동안 유사 이래의 최고의
번영을 구가했다. 과거에 근거해서 미래를
예측한다면 새해는 축복과 희망의 해가 될 것이다."**

—1929년 1월 1일자 뉴욕 타임스의 사설

언론뿐만 아니었다. 미국의 저명한 경제학자, 심지어는 미국의
대통령마저도 사정은 마찬가지였다.

"미국은 견고한 번영의 길에서 전진하고 있다."

—예일대학교 경제학과 피서 교수

"미국의 번영은 무한히 지속될 것입니다.

—1928년 대통령 당선자 후버

미국은 풍요로움의 상징이었다.

주식은 7년 동안 4배나 올랐고, 은행은 낮은 이자율로 무한정
돈을 빌려 주었다. 노동자가 저축한 돈은 주식 시장으로 몰려
들었고 소득이 없는 사람들도 은행에서 돈을 빌려 앞다투어 주
식 투자에 열을 올렸다. 모두들 부자가 될 것이라는 장밋빛 희
망에 부풀었다.

하지만 창고에는 판매되지 않은 상품이 쌓여 갔다. 만들어 놓은 물건이 팔리지 않자 기업들은 은행에 손을 벌렸고, 넘쳐나는 돈을 주체하지 못했던 은행들은 선심 쓰듯 낮은 이자로 돈을 빌려 주었다.

1929년 9월이 되면서 호황을 누리던 주식 시장에 심상치 않은 신호가 나타나기 시작했다. 그러나 대부분의 경제학자들은 시간이 지나면 '보이지 않는 손*'에 의해 시장이 모든 것을 해결해 줄 것이라는 낙관적인 견해를 보였다.

보이지 않는 손 영국 고전파 경제학자 아담 스미스가 그의 저서 『도덕감정론』(1759)과 『국부론』(1776)에서 표현한 유명한 말이다. 모든 재화는 수요와 공급의 조절이 자동적으로 이루어지기 때문에 개인은 자신의 이익을 위해 노력하기만 하면 사회 전체의 이익이 증대한다고 본다. 이는 경제 정책에서 국가 권력의 간섭을 최소한도로 제한하는, 자유 방임주의 이론으로 발전하였다.

미국 경제에 검은 그림자가 다가오고 있었다.

1929년 10월 24일,
역사는 이날을 '**암흑의 목요일**' Black Thursday
이라고 기록한다.

승승장구하던 미국의 주식 시장이 순식간에 폭락한 것이다. 경
제 전문가들과 주식 투자자들이 동요하기 시작하자 미국 최고
의 은행가인 모건 J. P. Morgan이 나섰다. 모건이 엄청난 자금을
동원하여 주식을 사들이자 잠시 주식 시장이 안정되는 것처럼
보였다. 그러나 미국 경제는 이미 치유되기 어려운 중병에 걸
려있었다.

일주일이 채 지나기도 전인 **10월 29일**,
역사는 이날을 '**암흑의 화요일**' Black Tuesday
이라는 이름으로 부른다. 주식 시장이 완전히 붕괴해 버린 것
이다. 2주 동안 사라져 버린 주식 가치는 300억 달러에 달했다.
300억 달러는 제1차 세계 대전 당시 미국이 전쟁에 쏟아부은 돈
에 해당하는 엄청난 금액이었다.

세계 대공황의 시작을 의미했다.

부자의 꿈은 이미 산산조각이 났다.
미국인들은
공포에 떨기 시작했다.

아무도 믿을 수 없었다. 은행도 믿을 수 없었다. 불안감을 느낀 사람들이 예금한 돈을 찾기 위해 은행으로 몰려갔다. 예금 대량 인출 사태가 이어지자 재정이 튼튼하던 은행마저 파산 위기에 직면하게 된다.

세계 대공황은 흥청망청 풍요를 누리던 미국 경제를 한순간에 얼어붙게 만들었다. **미국 경제에 빙하기가 도래**한 것이다. 중앙은행이 통화 공급을 대폭 감소시키자 은행 대출이자가 치솟았고, 자금이 부족한 기업들은 돈을 구하지 못해 투자를 포기하고 공장 문을 닫았다.

실업률 25%!
농산물 가격 60% 폭락!

도심 곳곳에는

일자리를 잃은 실업자들이

노숙자가 되어

뒷골목을 배회했다.

농부들이 수확한 농산물은 팔리지 않았다.

일자리를 잃은 사람들은 먹을 것이 없어서 굶고 있는데

농산물은 창고에서 썩어 갔다.

하지만 아무도 해결책을 내놓지 못하고 있었다.

부자를 만들어 주겠다던 정치인들은

모두 숨어 버렸다.

사람들은 그때

루스벨트의 경고를 기억했다.

1932년

두려움에 떨고 있는 미국 국민들 앞에

새 대통령이 등장했다.

미국 제 32대 대통령 루스벨트!

**"우리가 두려워해야 할
단 한 가지는
바로 두려움 그 자체입니다."**

모두가 절망에 빠졌을 때

그는 희망을

이야기하기 시작했다.

루스벨트는 대통령에 취임하자마자
실업자 구제를 위한 정책을 수립한다.

"돈이 없어 경제가 얼어붙었는데 실업자를 지원한다고? 루스벨트 그 사람 미친 거 아니야?"

미국 사회의 실질적인 권력을 가지고 있던 법조계와 재계에서는 그를 곱게 보지 않았다.

루스벨트는 라디오 방송을 통해 직접 국민들을 설득하기로 한다. 그의 방송은 기존의 대통령들이 일방적으로 발표하는 담화문과는 달랐다. 고통을 받고 있는 국민들의 친구이자 동료로서 서로 마주 앉아 허심탄회한 이야기를 나누는 대화였다.

"좋은 밤입니다. 친구들Good evening friends …… 우리의 경제 시스템을 재조정하는 데 있어서, 화폐보다 더 중요하고 금보다 더 중요한 것이 있습니다. 그것은 바로 우리 자신에 대한 믿음입니다. 우리는 믿음을 가져야 합니다. 공포를 몰아내기 위해서 우리 함께 뭉칩시다. 정부는 경제 시스템을 회복할 도구를 제공할 것입니다. 그러나 그 도구를 가지고 일하는 것은 바로 여러분들 자신입니다.

내 친구들이여!

경제적 위기를 극복하는 것은 나의 문제인 동시에, 여러분의 문제입니다.

우리가 함께하는 한,

우리는 결코 실패하지 않을 것입니다."

사람들은 루스벨트의 라디오 연설을 **노변정담** 爐邊情談

즉 '난롯가에서 나누는 정다운 이야기 Fireside chat'라고 불렀다.

사람들이 조금씩 희망을 찾기 시작했다.

미국 국민들은 그의 진심 어린 대화를 받아들였다.

실업자와 장애인 등 빈곤층의 입장에서 진심 어린 호소를 하는

대통령에 대해 국민들은 깊은 신뢰를 보여 주었다.

루스벨트의 '뉴딜 New deal' 정책!

국민들의 열렬한 지지를 얻는 루스벨트는 자신이 추진하는 개

혁 정책을 '뉴딜 New deal' 정책이라고 이름 붙이고, 과감한 개

혁 정책을 추진한다. 그러나 수많은 경제학자들과 기득권을

가진 사람들은 그의 개혁 정책에 여전히 비판적인 시선을 보

냈다.

'루스벨트 그 사람 공산주의자 아니야?'

변화를 원치 않는 사람들은 그를 비난했다. 하지만 루스벨트의 뒤에는 국민들이 있었다. 그는 노동 시간을 단축하고 노동자의 임금을 인상하는 정책을 밀어붙였다.

"노동 시간을 단축하면 보다 많은 사람들이 일자리를 가질 수 있을 것입니다. 만약 우리 경제가 상품 생산을 계속하길 원한다면 노동자에게 높은 임금을 지급하여 그들에게 물품을 구매할 수 있는 능력을 주어야 합니다."

은행 휴일banking holiday 조치 단행!
부실 은행 정리!!

그 결과 자본주의 경제의 핏줄인 금융이 조금씩 살아나게 된다.

전국산업부흥법National Industrial Recovery Act 제정!!!

이 법은 대통령에게 경제 회복을 촉진하기 위해 산업을 규제하고 독과점을 허용할 수 있는 권한을 부여하여 국가 주도의 공공사업을 확립할 수 있게 했다.

이와 함께 최저 임금 설정과 노동 시간의 제한, 아동 노동의 금지와 같은 노동 조건 개선, 노동조합의 단체교섭권 보장 등의 내용도 포함되었다.

"대통령이 빨갱이 제도를 미국에 도입하고 있다. 루스벨트는 공산주의자다."

보수 세력과 보수파 의원들은 거센 비난을 쏟아 냈다. 하지만 그는 자신에게 쏟아지는 비난을 피하지 않고 당당히 맞섰다.

"내가 물러나더라도 의사당에 있는 그 머저리들이 이 제도는 없애지 못할 것입니다."

루스벨트의 강력한 대항은 미국 정치 세력의 교체를 가져왔다. 서민들과 흑인은 물론 소수 민족과 가톨릭 등 종교까지 가세하여 광범위한 '뉴딜연합'을 탄생시키고 루스벨트의 개혁 정책에 힘을 실어 주었다. 루스벨트가 이처럼 광범위한 국민들의 지원을 얻게 되자 그를 빨갱이라고 몰아붙이던 보수파들도 더 이상 개혁을 반대하지 못했다. 루스벨트의 뉴딜 정책이 더욱 힘을 발휘하기 시작한 것이다.

미국 경제는 **회생**하기 시작했다.

루스벨트의 뉴딜 정책이 성과를 거두기 시작한 것이다.

사회 보장과 공공사업 정책을 통해 많은 사람들에게 일자리를 제공하자 소득이 생긴 노동자들은 소비를 하기 시작했고, 창고에 쌓여 있던 생필품들이 팔려 나갔다. 멈추었던 자본주의가 다시 회생하게 된 것이다.

뉴딜 정책에는 노동자 보호를 위한 조치도 포함되었다. 노동자의 권익을 보장하는 법률을 제정하고 광범위한 사회 보장 제도를 구축했다.

두려움에 떨던 국민들의 마음에 희망이 돋아나기 시작했다.

1935년 제2차 뉴딜 실시

1936년 대통령 선거에서 루스벨트 61%의 지지로 재선

1940년 3선 대통령 당선

1944년 4선 대통령 당선

루스벨트는

미국 역사상 처음이자 마지막으로

4번 연거푸 대통령에 당선된 유일한 인물로 기록된

다. 이후 미국은 대통령을 중임까지만 허용하도록 헌법을 고쳤다.

부유한 가정에서 태어나

명문 대학을 졸업한 엘리트!

네 번이나 미국 대통령에 당선된 유일한 인물!

그는 분명 행운아였다.

그러나 루스벨트에게 항상 행운만 따라다닌 것은 아니었다.

상원의원으로서 명성을 얻고 있던 1921년 8월,
잠자리에서 일어난 루스벨트는
자신의 몸에 무언가 이상이 생겼음을 느낀다.

"잠자리를 털고 일어났는데 왼쪽 다리를 움직일 수 없었다. 왼쪽 다리를 질질 끌며 세면실로 면도를 하러 갔다. 종아리 근육에 이상이 생긴 것이 분명했지만 운동을 하면 사라질 것이라고 믿고 싶었다. 하지만 나의 종아리는 계속 말을 듣지 않았다. 이어 오른쪽 종아리마저 말을 듣지 않았다. 의사는 나에게 손을 움직여 편지를 쓰는 일 외에 어떠한 활동도 하지 말라고 경고했다."

소아마비였다.

어린아이도 아닌 37세의 나이에 소아마비라니……

'루스벨트가 소아마비? 정치인으로 잘나가더니 이제 끝났구먼.'

언론을 비롯한 모든 사람들이 정치인으로서 루스벨트의 생명은 끝났다고 보았다. 목발에 의존하지 않고서는 일어설 수도 없고 가까운 곳도 휠체어를 타야만 이동할 수 있을 정도였으니 더 이상 정치 활동은 무리였다.

그러나 절망적인 상황에서도 루스벨트는 희망과 용기를 잃지 않았다. 소아마비는 보다 성숙한 인간으로 거듭나는 과정이 될 것이라고 스스로 다짐했다.

"나는 걷기 훈련에 충실히 임했으며, 그리하여 두 발만으로 한 시간가량 서 있을 수 있게 되었다. 하지만 여전히 목발만으로는 계단을 올라갈 수 없고, 난간을 잡아야만 가능했다. 그래도 나는 희망을 버리지 않았다."

1928년 루스벨트는 정계 복귀를 단행한다. 뉴욕주 주지사 선거에 출마한 것이다. 처음 소아마비에 걸렸을 때보다 호전되긴 했지만 아직 그의 몸은 스스로 움직이기엔 무리였다. 루스벨트는 주지사 후보로 대중들 앞에서 연설하기 위해 아들의 부축을 받고 지팡이를 짚으며 연단으로 올라섰다.

"많은 사람들이 저를 보고 손가락질을 합니다. 정치인으로서 생명이 끝났다고 말합니다. 그러나 저는 그들을 향해 웃으며 말합니다. 소아마비는 저를 단련시키는 과정일 뿐이라고"

땀이 비 오듯 하고 다리가 후들거리며 떨렸지만 연설을 하는 동안에는 얼굴에 미소를 잃지 않았다. 연설이 끝나자 청중들은 기립 박수를 보냈다. 1929년 루스벨트는 선거에 승리하고 뉴욕 주지사로 취임하게 된다. 그 뒤 루스벨트는 대통령에 당선되어 죽어 가던 미국 경제를 살린다.

만일 그가 소아마비에 굴복했다면,
사람들의 손가락질에 좌절했다면,
미국과 미국 국민들 역시
좌절의 구렁텅이에서 벗어나지 못했을 것이다.
개혁 정책이 어느 정도 성과를 거두고
1940년 루스벨트는 연거푸 세 번째 대통령에 당선된다.

그런데
예기치 못했던 **또 하나의 위기**가 기다리고 있었다.

1941년 12월 7일 새벽!
미국 해군 기지가 있는 하와이 섬은 평화로웠다.
그러나 같은 시각 일본 제국주의 함대가
짙은 안개 속에서 서서히 다가오고 있었다.

일본에 의한 **진주만 기습 공격!**
예상하지 못한 공격에 진주만에 주둔한 미군은 초토화되었다.

루스벨트는 즉각 전쟁을 선포하고 백악관에 전쟁을 총지휘하
는 사령부를 설치한다. 아이젠하워 장군과 맥아더 장군을 각각
유럽과 극동지역 사령관으로 임명하고 전쟁을 지휘한다.

진주만 공습으로 위기에 처했던 미국은 루스벨트 대통령의 단호하고 신속한 조치로 전쟁에서 유리한 위치를 점하기 시작했다.

전쟁 위기에서도 미국 국민들은 루스벨트 대통령을 신뢰했다.

루스벨트 스스로 모범을 보였기 때문이었다.

루스벨트에게는 **4명의 아들**이 있었다.

이들 모두 전쟁에 참전하도록 하였다.

그들은 모두 가장 위험한 최전선에 복무하면서

큰 공을 세우기까지 했다.

큰 아들 제임스는 고도 근시로 눈이 매우 나빴고,

위를 절반이나 잘라 내는 수술을 받았었다.

게다가 선천적인 평발이어서 군대 면제 대상이었는데도

해병대에 자원입대했다.

그는 전투화 대신 운동화를 신고 전투에 참전하였다.

'대통령 아들이 수술을 받고도 전쟁터로 자원했대.

우리도 싸우자!'

전세는 승리 쪽으로 굳어지고 있었다.

루스벨트는 세계 대전을
마무리하기 위해 동부서주
하고 있었다. 특히 연합국과
긴밀한 협조를 위해 세계를 누
비며 회담을 하는 등 강행군을
멈추지 않았다.

루스벨트의 열정은 다른 나라의 국가 원수까지 감동시켰다.
루스벨트와 여러 차례 회담을 가졌던
영국의 수상 윈스턴 처칠은 루스벨트에 대해
다음과 같은 소회를 남겼다.

"루스벨트 대통령과 나는 많은 일에서 의견의 일치를 보았다. 그는 항상
우호적인 분위기를 만들었다. 대통령인 그가 손수 칵테일을 준비하는 경
우도 있었다. 나는 그에 대한 존경의 표시로 그의 거실용 의자를 승강
기까지 밀어 주었다. …… 이 탁월한 정치가에게 나는 매우 깊은 애정
을 느꼈으며 그것은 함께 투쟁한 그 세월을 통해 점점 더 커져 갔다."

— 윈스턴 처칠

전쟁 승리가 코앞에 와 있었다.

하지만 경제 위기 극복과 전쟁의 승리를 위해 동분서주하던

루스벨트의 건강은 눈에 띄게 악화되었다.

휠체어에 앉은 채로 의회 연설을 해야 할 만큼

심각한 수준이었다.

1945년 4월 12일, 그날

루스벨트 대통령은

다음날 발표할 연설문을 작성하던 중이었다.

오후 3시 35분,

백악관 대통령 집무실에 비상이 걸렸다.

루스벨트 대통령이 갑자기 쓰러진 것이다.

급성 뇌출혈이었다.

집무실에서 쓰러진 그는 다시 깨어나지 못했다.

그가 생전에 그토록 바라던 승전 소식을

끝내 듣지 못하고 떠난 것이다.

미국 국민들은 물론 전 세계가 그의 죽음을 애도했다.

프랭클린 루스벨트 대통령이 국민들에게 남기려 했던
마지막 말

"내일의 실현을 방해할 수 있는 것은

단 하나,

바로 오늘의 의심입니다. 강하고 굳센 믿음으로 전진합시다."

프랭클린 델러노 루스벨트.

경제학자들은

그를 세계 대공황을 극복한 대통령으로 기록한다.

외교를 연구하는 사람들은

제2차 세계 대전을 승리로 이끈 지도자로서 그를 기억한다.

그리고 그를 사랑했던 사람들은 루스벨트를 이렇게 기억한다.

모든 일에 긍정적이었던 사람,
장애를 딛고 일어서 미래를
꿈꾸었던 사람,
항상 어려운 사람과
친구가 되고자
했던 사람!

한까칠 청소년 기자의 가상 인터뷰

긍정적으로 생각하고 희망을 버리지 않길

한까칠　루스벨트 대통령을 이렇게 따뜻한 난롯가에서 만나 뵈니 마음이 편안해지는 것 같습니다.

루스벨트　편안하다니 다행입니다. 저는 대통령 재임 시절에도 친구들과 난롯가에 앉아 이야기를 나누듯이 국민들과 대화를 했습니다.

한까칠　대통령께서는 누구보다도 부유한 가정에서 태어나 경제적 어려움 없이 풍요로운 생활을 하셨습니다. 그런데도 가난한 서민을 위한 정책을 펼치셨는데 특별한 이유가 있습니까?

루스벨트　정치인이라면 자기 출신과는 상관없이 대다수의 국민들을 위한 정치를 해야 한다고 생각합니다. 부자 출신이라고 해서 부자들을 위한 정책을 편다면 그것은 올바른 정치가 아닙니다. 흔히 큰 부자로 성공한 사람들 중에는 마치 자신의 노력만으로 부자가 되었다고 생각하는 사람들이 있는데 그것은 잘못된 것입니다. 그를 부자로 만들어 준 것은 바로 평범한 국민들입니다. 말하자면 부자가 되었다는 것은 보통 국민들에게 빚을 진 것입니다. 그렇기 때문에 빚을 돌려주어야 할 의무가 있는 것입니다. 사회 지도층의 의무, 즉 '노블리스 오블리주noblesse oblige'가 필요한 것입니다.

한까칠　대통령의 4명의 아들을 모두 전쟁에 참전하도록 한 것도 바로 노블리스 오블리주를 실천하기 위해서였나요?

루스벨트　　제 아들들에게 전쟁에 나가라고 강요한 것은 아닙니다. 다만 대통령의 아들로서 국가가 위기에 빠졌을 때 솔선수범해야 한다는 점을 가정 교육을 통해 가르쳤을 뿐입니다.

한까칠　　　대통령께서는 소아마비를 앓고도 좌절하지 않고 정치인으로 재기하여 대통령이 되셨습니다. 좌절을 이겨 낼 수 있었던 비결은 무엇이었습니까?

루스벨트　　저는 항상 희망을 잃지 않고 긍정적인 생각을 합니다. 소아마비에 걸렸을 때도 저는 좌절하지 않고 희망을 가졌습니다. 또한 세계 대공황으로 미국 경제가 망해 갈 때도 희망을 이야기 했습니다. 늘 긍정적으로 생각하고 희망을 버리지 않는 자세야말로 현재의 고통을 극복하는 묘약이라고 생각합니다.

한까칠　　　우리 주변에는 희망을 가지려 해도 가질 수 없는 사람들이 많습니다. 이들에게 어떤 조언을 해 주시겠습니까?

루스벨트　　현재의 나 자신을 의심하지 마십시오, 희망을 무너뜨리는 것은 바로 오늘의 의심입니다. 그리고 주변을 살펴보십시오. 함께 손잡고 나갈 친구들이 있을 것입니다.

프랭클린 루스벨트 연표

1882 출생

1880

1882 임오군란
1884 갑신정변

1900 하버드 대학교 입학

1890

1894 청일전쟁 발발,
동학 농민 운동

1905 애너 엘리너와 결혼
1910 상원의원에 당선

1900

1905 을사늑약
1905 1차 모로코 위기
1910 한일합방

1910

1914 제1차 세계 대전 발발
1919 3 · 1 운동
1919 터키 독립 전쟁

1920

1921 소아마비 발병
1928 정치에 복귀
1929 뉴욕 주지사 당선
1930 뉴욕 주지사 재선

1921 중국 공산당 창당
1929 세계 대공황

1930

1932 제32대 미국 대통령 취임
1936 제33대 대통령 취임(재선)
1940 제34대 대통령 취임(3선)

1932 윤봉길 의사 의거,
　　　이봉창 의사 의거
1936 스페인 내전 발발
1939 독일 폴란드 침공,
　　　제2차 세계 대전 발발

1940

1941 대 일본 전쟁 선포
1944 제35대 대통령 취임(4선)
1945 뇌출혈로 사망

1941 진주만 공습
1945 8 · 15 해방
1945 모스크바 3상회의

넬슨
만델라

웃음과 여유의 리더십으로
흑인 해방의 상징이 된 남아프리카의 별

"우리에게 필요한 것은
보복이 아니라
진실과 화해입니다."

1964년 6월 11일,

아파르트헤이트*의 나라, 남아프리카 공화국 리보니아 재판정.

최종 판결을 앞둔 한 흑인 죄수가

최후 진술을 위해 입을 열었다.

"나는 평생 동안 아프리카 인의 자유를 위한 투쟁에 헌신해 왔습니다.

나는 백인의 지배에 맞서 싸웠고, 흑인의 지배에 맞서 싸웠습니다.

나는 모든 사람이 평등한 기회를 누리면서 한데 어울려 조화롭게 사는

민주적이고 자유로운 사회를 이상으로 삼았습니다.

나는 그 이상을 실현하고 싶고, 그것을 삶의 보람으로 삼고 싶습니다.

필요하다면 그 이상을 위해 죽을 각오가 되어 있습니다."

마지막 유언과도 같은 최후 진술이 끝나고 잠시 후 재판장이

판결문을 읽어 내려갔다.

"본 법정은 넬슨 만델라를 종신형에 처한다."

법정에 안도의 한숨이 흘렀다. 사형을 면했다는 것만으로도 천

만다행이라고 생각했다. 하지만 그를 기다리고 있는 것은 악명

높은 지옥의 감옥 로벤 섬이었다.

종신형······
그것은 죽는 날까지
지옥의 감옥 로벤 섬에서
나올 수 없다는 것을 의미했다.

죄수 중에서도 가장 낮은 등급인 D급 죄수 만델라, 그를 가둔 감방은 폭 1.8m의 독방, 누우면 머리와 발이 양쪽 벽에 닿는 좁은 공간, 그것은 방이라기보다 죽은 시체를 담는 관이나 다름없었다.

매일 아침 5시 30분 기상!
수갑을 차고 채석장으로 이동!
백인 간수들의 몽둥이와 채찍 세례!
채석장에서 하루 종일 돌 깨는 작업을 하고 나면
온몸이 땀으로 범벅이 되고 팔과 다리는 상처투성이가 되었다.

아파르트헤이트 본래는 분리, 격리의 의미를 가진 아프리카 어. 일반적으로 남아프리카 공화국에서 1948년부터 1991년까지 실시된 인종 차별 정책으로 백인과 비백인을 차별하고 떼어 놓은 정책을 말한다. 아파르트헤이트 정책에 대항하여 만델라를 비롯한 수많은 흑인들이 투쟁한 결과 남아프리카 공화국에서 인종 차별 정책은 사라지게 되었다.

하지만 육체적 고통보다 더 힘든 것은 백인 간수들이 가하는 인격적 모독이었다. 백인 간수들은 흑인 죄수를 인간으로 대우하지 않았다. 심지어 마실 것을 요구하는 흑인 죄수를 땅에 묻고 얼굴에 소변을 보며 이렇게 말하기도 했다.

"목마르지, 검둥아!
네가 마시고 있는 것이 세상에서 가장 좋은 위스키란다."

하지만 만델라는 엄청난 고통 속에서도 웃음을 잃지 않았다. 그의 변호사가 로벤 섬 감옥을 방문했을 때 만델라는 자신을 감시하고 있는 간수들을 가리키며 농담을 던졌다.
"헤이! 친구, 내 경호원들을 소개하겠네."
보통 사람이라면 도저히 웃을 수 없는 상황……
백인 간수들은 여전히 총과 몽둥이로 죄수들을 위협했고, 독일산 감시견이 으르렁거리며 매서운 눈과 이빨을 드러냈다. 게다가 아내가 경찰에 체포되었다는 소식에 이어 맏아들 템비가 교통사고로 죽었다는 소식까지 전해졌다. 하지만 그는 웃음과 여유를 잃지 않았다.
이런 지옥 같은 상황에서도 그가 웃음을 잃지 않을 수 있었던 이유는 무엇일까?

1966년 로벤 섬 감옥에 새로 부임한 제임스 그레고리라는 간수는 만델라와의 첫 대면을 다음과 같이 기록하고 있다.

"나는 만델라에게서 눈을 뗄 수가 없었다. 만델라는 어느 누구보다도 올바르고 위대해 보였다. 허름한 죄수복을 걸치고 있었지만 분명 달랐다. 그가 위대한 지도자라는 것을 한눈에 알 수 있었다."

새 간수를 놀라게 한 것은 그것이 전부가 아니었다. 감방을 순시하는 도중 만델라가 동료와 대화를 나누는 소리를 우연히 듣고 그는 또 한 번 충격에 빠지게 된다.

"나는 그들에게서 감옥 생활에 대한 불평이나 욕설을 들을 것으로 생각했다. 그런데 만델라와 그 동료들은 종교 · 물리학 · 화학 · 사회 문제 · 문학 · 예술에 관한 이야기를 나누고 있었다."

지옥 같은 감옥에서의 웃음과 여유!
백인 독재 정권은 그의 웃음을 두려워했다.
그것은 권력에 맞서는 가장 강력한 무기였다.

만델라의 웃음!
그것은 자유를 향한 열망이었고,
백인 독재권력에 대한 목숨을 건 투쟁이었다.

만델라는 굴하지 않았다. 비인간적인 감옥 체계의 개선을 요구하며 끊임없이 싸웠다. 더 나은 옷과 음식을 요구했고, 공부할 수 있는 시간을 요구했다. 간수들에게 '주인님'이라고 부르는 것을 거부했고, 더욱 많아지는 돌 깨기 작업 할당량을 거부했다. 목숨을 건 투쟁의 과정에서 만델라는 늘 웃음과 여유로 동료들의 기운을 북돋았다. 만델라와 동료들의 투쟁이 알려지면서 폭력으로 일관했던 백인 정권에서도 점차 이들의 요구를 받아들일 수밖에 없었다.

1966년 로벤 섬 감옥은 1천여 명이 넘는 정치범들로 가득 찼다. 지옥 같았던 로벤섬 감옥은 만델라를 비롯한 동료들의 투쟁으로 책을 읽고 공부할 수 있는 여건이 마련되었다. 만델라는 정치범들을 위한 강좌를 운영하고 강연을 시작했다. 비록 죽는 날까지 갇혀 있어야 하는 처지였지만, 비인간적인 아파르트헤이트에 대한 저항은 계속되어야 한다는 그의 의지가 조금이나마 관철된 것이었다.

정치범들이 모여 있는 건물은 감옥이라기보다는 **거대한 도서관**이자 역사, 정치, 경제, 국제관계 등을 연구하고 토론하는 대학이라고 해도 과언이 아닐 정도로 변모해 나갔다.

지옥 같은 감옥은 어느
새 대학 강의실로, 거대한 도
서관으로 변했다. 만델라의
강의를 듣고 토론 하는 동
안 죄수들은 삶의 가치를 느
낄 수 있었고 배움의 기쁨을
나눌 수 있었다. **만델라의
감옥 강의실**에는 흑인 죄수뿐 아니라 백인 간수들도 하나둘
섞여 들기 시작했다.

만델라의 연설과 강의는 항상 **유머와 해학**이 넘쳤
다. 흑인 죄수들과 백인 간수들은 **피부색과 관계없이**
만델라의 강의를 들으며 함께 웃을 수 있었다.

만델라의 웃음과 여유 는 피부색을 가리지 않았다. 웃음의 밑바
탕에는 **용서와 화해의 마음**이 있었기 때문이다. 그는
자신에게 모욕적인 욕설을 내뱉고 몽둥이 세례를 가했던 백인
간수들을 증오하는 대신 용서하고 마음으로 화해하려고 했다.

"그들 역시 권력의 피해자입니다. 우리는 모두 같은 인간일 뿐입니다."

황금과 다이아몬드의 땅, 남아프리카!

그러나 흑인 원주민들에게
황금과 다이아몬드는 축복이 아니라
오히려 억압과 차별의 근원이었다.
남아프리카는 값비싼 황금과 보석
때문에 저주받은 땅이었다.

17세기 무렵부터 영국과 네덜란드 출신 유럽 인들이 배를 타고
건너와 원주민을 몰아내고 넓은 땅을 차지하고 있었다. 다이아
몬드와 금이 많이 나오는 남아프리카는 유럽 백인들의 탐욕을
채우기에 더없이 좋은 곳이었다. 자신의 땅을 빼앗긴 대부분의
흑인 원주민들은 백인들이 소유하고 있는 광산에서 일하며 간
신히 목숨을 유지해야 하는 비참한 생활에 놓여 있었다.

만델라는 1918년,
남아프리카 트란스케이 지역의 작은 마을에서 태어났다.
원래 그의 이름은 '롤리홀라흘라'였는데
'나뭇가지를 잡아당기다.'라는 뜻으로 말썽꾸러기를 의미했다.

템푸 족의 추장 가문에서 태어난 만델라는 다른 흑인 원주민들에 비해 비교적 넉넉한 환경에서 자랄 수 있었다. 어린 시절부터 영특했던 만델라는 가족 중 처음으로 학교에 다닐 수 있었다. 학교에서 만난 음긴가네 선생님은 롤리흘라흘라에게 처음으로 유럽식 이름인 '넬슨'이라는 이름을 지어 주었는데, 오늘날 '넬슨 만델라' 라는 이름은 그때부터 불리기 시작한 것이다.

어린 시절 아버지를 잃었지만 만델라는 친척 욘긴타바 덕분에 학교를 다닐 수 있었고, 1939년 스무 살이 되던 해에는 포트헤어 대학교에 진학하였다. 그것은 흑인 원주민으로서 엄청난 행운이었다. 하지만 흑인에 대한 차별은 어디서나 존재했다.

'여기는 백인 전용 식당이라 검둥이는 들어올 수 없어!'

친구들과 함께 밥을 먹으러 식당에 들어갔을 때였다. 만델라와 동료들은 흑인이라는 이유로 백인이 가는 식당 문 앞에서 출입을 허락받지 못했다. 당시로서는 당연한 일이었지만 만델라는 처음으로 인종 차별에 대해 인식하게 된다.

'흑인 주제에 감히 학교 규칙에 대해 불만을 가져?'

학생회 임원이었던 만델라는 이에 항의하다 학교에서 쫓겨나게 되고, 무작정 남아프리카 최대의 도시인 **요하네스버그**로 떠난다. 대학 총장이 흑인 학생인 만델라가 학교 정책에 항의하는 것을 못마땅하게 여긴 것이다.

돈도 없고 직장도 없었던 그를 기다리는 건 모진 고생뿐이었다. 하지만 공부에 대한 열정은 변하지 않았다. 요하네스버그에서 그는 평생의 동지이자 멘토가 될 월터 시술루*를 만나 일과 학업을 계속할 수 있었다.

만델라는 시술루가 소개해 준 변호사 사무실에서 일하면서 버트바터스란트 대학교 법학부에 시간제 학생으로 들어가 변호사의 꿈을 키워 나간다.
버트바터스란트 대학교 법학부에서 유일한 흑인 학생 만델라…… 그곳에서 많은 동료들과 교류하면서 다양한 사람들과 관계를 형성해 나갔다.

'나 자신의 성공과 출세를 위해 노력하는 것도 중요하겠지만 인종 차별이 극심한 현실에서는 억압받는 사람들이 힘을 모아 정치적인 권리를 획득하는 것이 더 중요해.'

만델라는 친구 시술루의 권유로 아프리카민족회의ANC, African National Congress에 가입하게 된다. 아프리카민족회의는 1912년 아프리카 인의 처지를 개선하기 위해 조직된 흑인 조직이었다.

ANC의 가입은 만델라에게 있어 앞으로 있을 험난한 여정의 시작이었다.

1948년 선거가 실시되었다.

물론 흑인에게 정치 참여 기회가 보장되지 않는 불평등 선거였다.

이 선거에서 평소 인종 차별에 앞장섰던 국민당이 집권하게 된다.

월터 시술루 만델라보다 6살 많지만 평생 만델라의 친구이자 멘토의 역할을 했던 인물이다. 만델라가 요하네스버그에 정착할 수 있도록 변호사 사무실에 취업을 알선해 주었으며 훗날 인송 자별 성책인 아파르트헤이트에 대한 투쟁을 이끈 정치 지도자로 성장한다. 그가 사망했을 때 만델라는 다음과 같은 말로 그를 추모했다.

"시술루는 더 이상 없습니다. 그가 더 오래 살았어야 하는데, 그가 가 버림으로써 큰 공백이 생겼습니다. 나의 일부분이 가 버린 것만 같습니다. 처음 만난 순간부터 그는 나의 친구, 보호자, 동료가 되어 주었습니다. 그가 언젠가는 우리의 곁을 떠날 것이라는 걸 알고 있었습니다. 우리 둘 모두 삶의 덧없음에 저항할 수 있는 나이가 지난 지 오래되었으니까요."

깜둥이에게 제 분수를 알려 주자!

이것은 국민당의 선거 구호였다. 국민당은 집권하자마자 인종 차별정책법아파르트헤이트법*을 도입하였다. 기존에도 다양한 형태의 인종 차별이 있었지만 국민당은 더 강력한 아파르트헤이트 정책을 법으로 제도화한 것이다.

만델라와 동료들은 즉각적인 거부 운동에 나섰다.
그의 저항 운동은 '비폭력 시민 불복종'을 기본 원칙으로 삼았다.

"항의 운동은 열등감과 불안감으로부터 나를 해방시켜 주었다. 도저히 무너뜨릴 수 없다고 느꼈던 막강한 백인 권력과 제도였지만, 이제 백인들은 우리들이 가진 힘의 위력을 느끼기 시작했고, 나는 인간답게 고개를 들고 걸으면서 모든 사람의 눈을 위엄을 가지고 바라볼 수 있었다. 그 위엄은 억압과 두려움에 굴복하지 않는 데서 나오는 것이었다. 나는 자유의 투사로 성숙해졌다."

만델라의 주도 아래 수많은 사람들이 민족회의가 주도하는 저항 운동에 동참하기 시작했다.

'흑인은 가축이 아니라 인간입니다.
흑인도 자유롭게 길을 다닐 수 있는 권리가 있어야
합니다.'

1952년 6월 26일 민족회의 자유의 날.
만델라는 사람들을 이끌고
백인 전용 출입구를 통해 기차역으로 들어갔다.
그것은 **의도적인 법 위반**이었다.
만델라를 포함한 참가자 전원이 경찰에 체포되었다.

재판을 받으러 법정에 출두할 때마다 수많은 사람들이 몰려와
항의 시위를 벌였다. 항의 운동을 널리 알리는 계기가 되었다.
덕분에 민족회의 회원 수는 10만 명으로 늘어났다.

아파르트헤이트법
종족이 다른 사람끼리 결혼하지 못한다. 1949년 제정
종족이 다른 사람끼리 성관계를 갖지 못한다. 1949년 제정
남아프리카는 인종에 따라 주민을 분류한다. 1950년 제정
시내에 인종별로 거주지를 구분하여 살게 한다. 1950년 제정
교통수단이나 공원을 비롯한 모든 공공장소에서 흑인과 백인을 따로 있게 한다. 1953
년 제정

정식 변호사가 된 만델라는

1952년 그의 친구 탐보와 함께
남아프리카 최초의 흑인 법률회사를 세웠다.
흑인 변호사가 거의 없던 상황.
재판정에서도 흑인에 대한 차별은 여전했다.

"뭐! 깜둥이 주제에 변호사라구?"
"나는 깜둥이 변호사의 질문에는 대답할 수 없소"

하지만 만델라는 특유의 낙천적인 성격으로 어려움을 돌파해 나
갔다. 변호사 사무소는 날로 번창했고 경제적인 여유도 생겼다.
그는 거침없이 정치적인 발언을 했고, 사람들은 그에게 열광했
다. 만델라는 경찰에게 눈엣가시가 되어 특별 감시 리스트에
오르게 된다.
그러던 중 1953년 정부는 6만 명의 아프리카 인을 강제 이주시
키겠다는 계획을 발표한다. 이에 만델라는 대중 집회에서 강력
한 발언을 한다.

"소극적인 저항으로는 무슨 수를 써서라도 권력을 유지하기로 작정한
백인 소수파 정권을 이길 수 없을 것입니다."

그의 발언은 정부 당국은 물론 그동안 비폭력 저항을 원칙으로 삼았던 민족회의 관계자들마저 놀라게 했다. 결국 만델라는 2년 동안 요하네스버그 시내에 들어가지 못하는 금지령을 받게 된다.

**1955년 요하네스버그 시내에서 열린
인종 차별 저항 국민회의,
흑인들은 자유헌장을 선포했다.**

피부색에 관계없이 모든 국민에게 투표권을 부여할 것.
토지와 재산을 공평하게 재분배 할 것.
인종에 관계없이 법률상 동등한 권리를 부여할 것.
근로·주택·안전·평화·우애를 누릴 권리를 보장할 것.

국민으로서 너무도 당연한 요구.
하지만 인종 차별 정권은 이를 허용하지 않았다.

**'공산주의 활동 혐의로
만델라 당신을 체포한다.'**

1960년 8월 감옥에서 나온 만델라는

더 이상 합법적인 활동이 불가능하다는 사실을 인식하고

비밀 지하 조직을 만들어 활동하기로 한다.

신출귀몰하는 '검은 별꽃'
만델라는 새로운 별명을 얻었다.

비밀 지하 활동을 시작한 만델라가 신분을 속이기 위해 변장을
하고 전국을 누비며 활동하면서 생긴 별명이었다.

경찰은 만델라를 체포하기 위해 전국에 걸쳐 도로를 차단하고
철저한 검문을 실시했다. 하지만 만델라는 기발한 변장술과 경
찰의 허를 찌르는 대담한 행동으로 수사망을 피했다.

많은 사람들이 '검은 별꽃' 만델라에게 지지를 보냈다.
한 번은 경찰관에게 신분을 들킨 적이 있었는데, 마침 그 경찰
관이 만델라를 지지하는 사람이어서 오히려 격려의 손짓을 보
내기도 했다.
정부의 탄압은 더 거세지고 있었다. 경찰만으로 부족하여 탱크
를 앞세운 군대까지 동원하기 시작했다.

투쟁은 계속되었다.

전국적인 사보타주[*]가 일어났다.

'친구, 이제 우리에겐 총과 폭탄이 필요하네.'

조국 남아프리카를 떠나 망명길에 오른 만델라는 함께 변호사 사무소를 운영했던 오랜 친구 탐보를 만나 자신의 계획을 알렸다. 탐보도 만델라의 손을 잡았다.

만델라는 에티오피아를 거쳐 이집트·튀니지·모로코·기니·세네갈 등 각국을 돌며 중요한 지도자들을 만나 향후 투쟁을 위한 군사 지원과 자금 지원을 요청했다.

에티오피아로 돌아간 만델라는 게릴라 훈련을 받고 폭탄과 지뢰 제조법도 익혔다. 그러는 동안 남아프리카 사태가 더욱 폭력적으로 변하고 있었다. 정부는 사보타주 단속법을 도입하여 위반자에게는 사형을 선고할 수 있도록 하는 등 강력한 단속령을 내렸다. 만델라는 다시 조국으로 돌아갈 때가 되었음을 느꼈다.

사보타주 적이 사용하는 것을 막기 위해 또는 항의의 표시로 장비, 운송 시설, 기계 등을 고의로 파괴하는 것, 또는 노동쟁의의 한 형태로 일을 게을리 함으로써 사용자에게 손해를 입도록 하는 방법.

암담한 어둠 속에서
한 줄기 희망의 소식이 들려왔다.
루툴리 추장의 노벨 평화상 수상!

아프리카민족회의의 의장 루툴리* 추장이 노벨 평화상을 수상
한 것이다. 루툴리 추장의 노벨 평화상 수상은 어둠 속에서 발
견한 한 줄기 빛과 같은 것이었다. 남아프리카에서 벌어지는 잔
혹한 인종 차별에 대해 세계인들이 관심을 갖기 시작한 것이다.
하지만 백인 정권의 탄압은 더욱 거세져만 갔다.

1962년 8월 5일, 남아프리카 요하네스버그……
승용차 한 대가 도로를 달리고 있었다. 만델라를 태운 승용차
였다. 승용차가 시내로 접어드는 순간 백인들을 태운 차량 여
러 대가 만델라의 승용차를 에워쌌다.

"나는 도망자 생활이 끝났음을 직감했다. 그 순간 17개월 동안의 자유
가 끝나가고 있었다."

만델라는 파업을 선동한 죄로 기소되었다. 재판을 앞두고 '만
델라 석방위원회'가 조직되어 전국에서 항의 집회가 연일 벌어
졌다. 만델라는 변호사도 증인도 세우지 않고 당당하게 법정에
나가 정부를 규탄하는 최후 진술을 하였다.

"나는 부도덕하고 부당하고 참을 수 없는 법률에 순종하느냐, 아니면 자신의 양심에 순응하느냐, 둘 중 하나를 택할 수밖에 없었습니다. 지금은 비록 유죄 판결을 받게 되겠지만, 후세에 정의로운 법정이 마련되면 나에게 무죄를 선고할 것이며 그때 법정에 서야 할 범죄자는 다름 아닌 지금의 정부가 될 것입니다."

지옥의 감옥 로벤 섬, 그곳에 있는 동안 만델라의 이름은 사람들의 기억에서 서서히 잊혀 갔다.

로벤 섬 감옥에 갇힌 동료들은 절망과 분노에 치를 떨었다.
하지만 만델라는 그때에도 특유의 미소를 지었다.

"감옥에서 중노동을 나갈 때 나는 넓은 자연으로 나간다는 즐거움에 비록 봄은 힘들지만 일을 즐겼습니다. 그리고 남들은 감방에서 좌절과 분노를 삭였지만 나는 마음을 내려놓고 용서했습니다. 그랬더니 세상의 모든 즐거움이 저를 감쌌습니다."

알버트 루툴리(Albert Lutuli 1898~1967 남아프리카) 남아프리카 공화국의 아프리카민족회의 의장(1952~60)을 역임한 그는 인종 차별 정책에 대한 비폭력 저항의 공로를 인정받아 1960년 아프리카 최초로 노벨 평화상을 수상했다. 그의 노벨상 수상으로 남아프리카 공화국의 인종 차별 정책에 대한 세계적인 관심이 높아지게 되었다.

1976년 **만델라가 로벤 섬 감옥에서 갇힌 지 14년째**,
남아프리카는 여전히 인종 차별의 나라였다.
그런데 59세에 접어든 만델라에게 **희망의 소식**이 들려왔다.
1980년 신문에 커다란 글씨의 기사가 실렸다.

'만델라를 석방하라!'

그동안 기억에서 잊혔던 만델라의 이름이 다시 민중들 앞에 등
장한 것이다. 만델라의 동료 탐보의 제안으로 이루어진 일을
계기로 만델라 석방 운동은 전 세계로 퍼져 나가기 시작했다.

프랑스 파리 '만델라를 석방하라!'
영국 런던 '만델라에게 자유를……'
미국 뉴욕 '만델라에게 자유를, 흑인에게 자유를'

만델라는 세계적으로 가장 유명한 죄수가 된 것이다.

만델라의 딸 진드지가는 버트바터스란트 대학교에 모인 수많은 백인 대학생들 앞에서 연단에 올랐다.

"저의 아버지 넬슨 만델라를 석방하는 것만이
유혈 사태를 막을 수 있는 유일한 길입니다."

그때부터 흑인뿐 아니라 백인들도 만델라 석방 운동에 동참하게 되고, 아파르트헤이트 정책에 반대하는 목소리는 전 세계를 뒤흔들었다. 하지만 정부는 더욱 강압적인 방법을 동원하여 억압했다. 그 과정에서 수많은 사람들이 비참하게 죽어 갔다.

1986년 정부는 급기야 비상사태를 선포한다.

당시 남아프리카 대통령이었던 보타는 만델라에게 은밀한 제안을 했다.

"당신이 정부의 정책을 인정하고 요하네스버그를 떠나 조용히
지낸다면 석방을 허락하겠소."

"나와 민중들이 자유롭지 않다면 나는 어떤 약속도 할 수 없고 하지
않을 것입니다. 민중들의 자유와 나의 자유는 분리될 수 없습니다."

1990년 2월 12일,
세계인의 이목은 교도소 정문에 집중되어 있었다.

지옥의 감옥에서 27년!
시계가 오후 4시를 가리키자 교도소의 문이 열렸다.
그리고 73세의 노인 만델라가 천천히 걸어 나왔다.

세계인들은 46세 젊은 나이게 감옥에 들어가
73세의 노인이 되어 버린 넬슨 만델라를 지켜보았다.
사람들은 자그마치 27년간이나 감옥에 갇혀 있던
사람의 표정이 어떨지 궁금해 했다.
'오랫동안 중노동에 시달렸으니 고통에 찌든 모습일 거야.'
'백인들에 대한 증오로 가득 찬 얼굴일 거야.'

하지만 모두의 예상은 빗나갔다. 만델라는 마치 해맑은 소년처럼 환한 웃음을 지으며 감옥 정문을 사뿐사뿐 걸어 나왔다.

"27년간 옥살이가 내게 준 것이 있다면 그것은 고독의 침묵을 통해 말이 얼마나 귀중한 것이고, 말이 얼마나 사람에게 큰 영향을 끼치는지 알게 됐다는 것입니다."

만델라의 석방은 남아프리카를 지옥의 땅으로 만들었던 아파르트헤이트의 종말을 의미했다. 그리고 흑인들에게도 정치에 참여할 수 있는 기회가 주어졌다는 것을 의미했다.

노벨 재단은 자유와 인권을 향한 노력을 인정하여 1993년 넬슨 만델라에게 노벨 평화상을 수여한다.

1994년 4월 26일,

세계의 언론이 다시 남아프리카를 주목했다.

남아프리카 역사상 최초의 자유 선거가 치러지고 있었다.

만델라가 속한 아프리카민족회의는

국회의석 400개 중 252석을 차지하는 압승을 거두게 된다.

당연한 결과에 세계인들이 박수를 보냈다.

그리고 넬슨 만델라는 대통령에 당선된다.

〈1994년 선거 결과〉

정당	득표율	주요 지지층
아프리카민족회의	62.7%	흑인
국민당	20.4%	백인, 혼혈인, 인도인
자유전선	2.2%	백인 민족주의자
민주당	1.7%	
범아프리카동맹	1.3%	
기타	1.2%	

대통령 만델라!

그의 앞에는 과감한 개혁의 과제가 놓여 있었다.

많은 사람들은 흑인을 괴롭혔던 악덕 백인들의 처벌을 원했다.

백인들은 만델라가 보복을 하지 않을까 두려워하고 있었다.

"우리에게 필요한 것은
보복이 아니라 진실과 화해입니다."

그는 취임 다음해인 1995년,

데스몬드 투투 대주교를 위원장으로 한

'진실과 화해 위원회'를 만들었다.

백인들에 의해 저질러진 인권 침해 사례를 빠짐없이 조사하되

가해자들을 처벌하기보다 그들이 죄를 뉘우칠 기회를 주고 피

해자들은 보상받을 수 있도록 한 것이다.

"진실을 밝히되 보복이 아닌 용서를 해야 합니다."

정부도 백인을 포함시켜 국가 연합 정부를 구성하였다.

만델라 자신이 백인들에게 엄청난 고통을 받은 당사자이지만
대통령으로서 자신은 흑인만의 대통령이 아니라
백인과 소수 인종을 포함한 모든 국민들의 대통령이어야
한다는 소신을 지킨 것이다.

"나는 자유를 향해 먼 길을 걸어왔습니다.
하지만 정상에 올라가도
넘어야 할 언덕이 수없이 많다는 것을
발견할 뿐입니다.
나는 감히 게으름을 피울 수 없습니다.
나의 긴 산책은 아직 끝나지 않았기
때문입니다."

임기를 마치고 대통령직에서 물러나면서도
그는 여전히 특유의 미소를 짓고 있었다.

2013년 12월 5일,
95세의 노인 넬슨 만델라는 조용히 눈을 감았다.

자유와 인권을 사랑하는 세계인들은
지금도 그의 온화한 미소를 기억한다.
그의 미소는 우리에게 이렇게 말하고 있다.

**"고통 속에서도 웃음과 여유를 잃지 않을 때
진정한 용서와 화해가 가능합니다."**

한까칠 청소년 기자의 가상 인터뷰
분노보다는 용서를, 힘들 땐 웃음과 여유를

한까칠   안녕하세요. 만델라 대통령님. 한가롭게 시골 마을을 산책하시고 계신 모습이 마치 평범한 농부의 모습처럼 친근합니다.

만델라   하하하! 저는 원래 지극히 평범한 사람입니다.

한까칠   대통령님께서는 자그마치 27년이라는 긴 세월을 감옥에서 보내셨습니다. 그 긴 세월을 견디기 어려웠을 것으로 생각되는데요. 오랜 감옥 생활을 견뎌 낼 수 있었던 비결이 있나요?

만델라   평범한 사람인 제가 무슨 특별한 비결이 있겠습니까. 저는 그저 제게 주어진 상황에서 제가 할 수 있는 일을 했을 뿐입니다. 분노보다는 용서를 생각하고 고통스러울 때마나 웃음과 여유를 찾으려고 했을 뿐입니다. 그러다 보니 27년의 세월이 흐른 것입니다. 만일 처음부터 27년 동안 감옥에 있어야 한다는 것을 알았더라면 오히려 견디지 못했을 수도 있습니다.

한까칠   대통령이 되신 다음 과거 흑인들을 괴롭히고 심지어는 죽이기까지 하는 등 심각한 인권 침해를 저지른 백인 범죄자들까지 용서하신 것은 문제가 있다는 지적도 있습니다.

만델라   저는 대통령에 취임한 후 곧바로 '진실과 화해 위원회'를 만들도록 했습니다. 이 위원회는 과거 백인들이 저지른 인권 침해 사건을 빠짐없이 조사하되, 처벌이 아니라 반성하고 용서하는 것을 목적으로 삼았습니다. 보복은 또 다른 폭력을 낳을 수 있기 때문입니다. 제가 알기로는 한국의 김대중 대통령도 자신을 죽이려고 한 사람들까지 용서한 것으로 알고 있습니다. 저 역시 김대중 대통령과 같은 생각을 한 것입니다.

한까칠　그러고 보니 만델라 대통령과 한국의 김대중 대통령은 많은 점에서 닮았다는 생각이 듭니다. 실제로 김대중 대통령을 '한국의 만델라'라고 부르기도 하는데 어떻게 생각하십니까?

만델라　김대중 대통령이 '한국의 만델라'라면 저는 '남아프리카의 김대중'이라고 할 수 있겠군요. 저로서는 영광스러운 일입니다.

한까칠　그 때문인지 저도 만델라 대통령이 훨씬 친근하게 느껴집니다.

만델라　저도 그렇습니다. 한국과 남아프리카는 비록 거리는 멀지만 독재의 억압을 극복하고 민주화를 이루었다는 점에서 공통점을 가지고 있습니다. 비슷한 역사적 경험을 가지고 있기 때문에 마치 형제 국가라는 생각이 듭니다.

넬슨 만델라 연표

1910

1918 출생
1940 국외 추방
1943 비트바테르스란트 대학 입학
1944 아프리카민족회의(ANC) 산하
청년연맹(ANCYL) 창설

1918 독일 11월 혁명
1943 카이로 선언
1944 노르망디 상륙작전
1945 8 · 15 해방
1950 6 · 25 전쟁 발발

1950

1951 요하네스버그에 법률 상담소
개설
1956 반역죄로 체포되어 피소

1955 제1회 아시아 · 아프리카회의
(반둥회의) 개최
1956 헝가리 혁명

1960

1961 지하조직 '민족의 창'
(Umkhonto weSizwe) 결성
1962 사보타지 혐의로 기소
징역 5년형 선고
1964 수감 중 반역죄로 재기소.
종신형 선고

1961 5 · 16 군사 쿠데타
1961 존 F. 케네디 미국 대통령 취임
1962 쿠바 미사일 위기
1962 알제리 독립
1963 아프리카통일기구(OAU) 결성

1970

로벤 섬 감옥에서 수감생활

1972 10월 유신 선포
1973 제1차 석유 파동
1979 이란 혁명

1980

1981 브루노 크라이스키 인권상
1983 유네스코의 시몬 볼리바
(Simon Bolirar) 국제상 수상
1990 ANC 합법화, 복역 27년만에
출소

1981 전두환 대통령 취임
1981 로널드 레이건 미국 대통령 취임
1986 필리핀 민주 혁명
1987 6월 항쟁
1990 독일 통일

1990

1991 아프리카 국민회의(ANC)
의장 선출
1993 노벨 평화상 수상
1994 남아프리카 공화국 최초 흑인
대통령에 당선
1995 한국 방문
1999 대통령직 5년 임기 후 퇴임. 넬
손 만델라 재단 설립
2004 공식 은퇴 선언
2010 남아프리카 공화국 월드컵 폐
회식에서 모습을 드러냄

1991 걸프 전쟁
1993 김영삼 대통령 취임
1995 세계무역기구(WTO) 출범
1997 IMF 외환 위기
1998 김대중 대통령 취임

2000

2002 노무현 대통령 당선
2003 미국, 이라크 침공

2010

2011 1월 급성 호흡기 감염으로
치료
2013 12월 5일 자택에서 95세로
타계

2011 후쿠시마 원전 사고
2013 박근혜 정부 출범

장준하

불의와 타협하지 않고
변치않는 신념으로 행동하는 정의로운 리더

"옳은 것을 생각하고
옳다고 생각하면 당당하게 말하고
옳은 말이라면 두려움 없이 행동하라."

"여러분, 교장 선생님께서
신사 참배를 거부했다는 이유로 일본 경찰에 끌려갔습니다.
항의의 뜻으로 일본어 교과서를 찢어 버립시다."

망설이는 학생들 앞에 한 소년이 나섰다. 그는 거침없이 교과서를
찢었다. 머뭇거리던 학생들도 하나둘 일본어 교과서를 찢기 시
작했다. 곧바로 일본 경찰들이 달려와 학생들을 때리며 시위대
를 해산하기 시작했다. 일본 경찰에 쫓겨 산으로 올라간 학생 시
위대는 교장 선생님의 석방을 요구하는 구호를 외쳤다. 일본 경
찰은 총칼로 학생들을 위협하며 시위 주동자를 찾기 시작했다.

"내가 주동자다.
다른 학생들은 그냥 두고 나를 잡아가라."

그 목소리의 주인공은 장준하였다. 평소 일제의 부당성을 인식
하고 있던 그는 한 치의 망설임 없이 행동에 나선 것이었다.

"옳은 것을 생각하고,
옳다고 생각하면 당당하게 말하고,
옳은 말이라면 두려움 없이 행동하라!"

소년 장준하의 생각과 말과 행동, 그것은 장준하의 삶에서 변하지 않는 원칙이자 지표였다.

1918년 평안북도 의주에서 태어난 장준하는 어린 시절부터 한 의사인 할아버지와 교사인 아버지로부터 독립 성신과 민족의식을 키워 왔나. 그는 아버지가 재직하던 평안북도 선천의 신성중학교에서 조국 독립에 대한 생각을 더욱 굳건히 했다. 일제는 신사 참배를 거부했다는 이유로 교장을 체포하고, 장준하의 아버지를 비롯한 교사들을 학교에서 강제로 쫓아냈다. 그런 상황에서 장준하는 일본 제국주의에 반대하는 평소의 생각을 행동으로 옮기기 위해 학생들 앞에 나섰던 것이었다.

어린 시절부터 독립 의지를 불태워 온 장준하의 열정과 변치
않는 신념은 계속된다.

1941년,

교사로 일하던 스물네 살의 장준하는 못다 한 공부를 위해 일
본 유학길에 오른다.

때는 일본이 미국을 상대로 태평양 전쟁을 일으키고 전쟁 물자
를 확보하기 위해 무자비한 수탈을 일삼고 있던 시기였다. 일
본은 전세가 기울기 시작하자 1943년 학병제 실시를 공포하고
조선의 학생에게도 영장을 발부하기 시작했다. 학도병에 지원
하지 않는 학생에게는 가족의 생계를 위협하는 등 온갖 억압을
가했다.

일본 유학 중이던 장준하에게도 학도병 지원이라는 시련은 피
해 가지 않았다. 장준하가 징병을 거부한다면 신사 참배 거부
로 직업을 잃고 일본 경찰의 감시를 받고 있는 아버지의 고통
이 더욱 커질 게 뻔했다.

"나, 학도병에 지원하기로 했어!"

장준하의 말에 유학생 친구들은 입을 다물지 못했다. 평소 일본이라면 치를 떨던 장준하가 스스로 일본군에 자원 입대하겠다니 모두들 놀랄 수밖에 없었다.

"뭐라고! 장준하 네가 일본군에 지원한다고? 이런 배신자!"

장준하를 향해 배신자라며 절교를 선언한 친구도 있었다. 그러나 장준하의 마음속에는 비밀스러운 계획이 있었다. 그 계획을 실천하기 위해 미리 소학교 교사 시절 제자였던 김희숙과 결혼까지 해 두었다. 당시 일본은 젊은 처녀들을 종군 위안부로 끌고 가기 시작했으므로 아내 김희숙의 안전을 위해 서둘러 혼인을 한 것이다. 아내 김희숙과 이별하기 전 장준하는 아내에게 의미심장한 말을 남긴다.

"내가 일본군 부대에서 당신에게 보내는 편지에 성경 구절을 적어 넣으면 그것은 일본군 부대에서 탈출한다는 신호가 될 것이오."

장준하는 처음부터 일본군 부대를 탈출하여 김구 선생이 이끄는 대한민국 임시정부를 찾아가 본격적으로 독립운동에 나설 계획을 세우고 있었던 것이다.

일본군에 지원한 장준하는 훈련이 고되기로 유명한 쓰카다 부대에 배속된다. 그는 쓰카다 부대*에서 생활하면서 틈틈이 탈출의 기회를 엿보았다. 그러다 드디어 결심을 굳힌 장준하는 아내에게 편지를 보낸다.

"이제는 앞이 보이지 않는 대륙에 발을 디디며 내가 벨 돌베개를 찾고 있소……" 창세기 28절에 나오는 아브라함의 고난을 상징하는 돌베개를 의미한다.

1944년 7월 7일, 해가 저물고 밤이 되었다.
그날은 중·일 전쟁 7주년이 되는 날이어서 일본군들은 술과 음식을 먹으며 잔치를 벌이고 있었다.

장준하·김영록·홍석훈·윤경빈!

네 사람은 감시를 피해 숨을 죽이며 철조망을 빠져 나갔다.
탈출에는 성공했지만 고통스럽고 험난한 여정이 장준하 일행을 기다리고 있었다. 일본군의 추적을 피하기 위해 어두운 밤을 이용하여 이동하고 낮에는 꼼짝 않고 숨어 있어야 했다. 한여름의 태양이 너무 강해서 가만히 있어도 온몸은 땀에 젖었다. 물을 마시고 싶었지만 수통에는 물이 남아 있지 않았다.

"꼼짝 마! 너희들은 누구냐?"

"우리는 조선인 청년 학도병이다. 일본군 부대를 탈출하여 중국 부대를 찾아가는 중이다."

침묵이 흘렀다.
중국인의 표정만으로는 그들의 정체를 알 수 없었다.

쓰카다 부대 훈련이 고되기로 악명이 높았던 일본 부대. 장준하보다 이 부대를 먼저 탈출 조선인은 단 1명, 김준엽이다. 김준엽은 1944년 5월에, 장준하는 1944년 7월에 탈출했다. 장준하는 일본군을 탈출한 후 오능서, 김준엽 등과 만나 충칭까지 걸어간다. 김준엽은 훗날 장준하와 함께 광복군이 되었다.

"한국 분들입니까?"

중국군 복장을 한 사람이
장준하 일행에게 한국말로 인사를 건넸다.

"그렇습니다."
"반갑습니다. 나도 탈출병입니다."

그는 장준하 일행보다 먼저 쓰카다 부대를 탈출했던 김준엽이었다. 김준엽과 합류한 일행은 대한민국 임시정부가 있는 충칭을 향해 다시 길을 떠나게 된다.

충칭까지는 무려 6천 리, 즉 2,400km나 되는 머나먼 여정……
게다가 중간에는 해발 3,000km가 넘는 파촉령이라는 험준한 산이 버티고 있었다. 하지만 조국의 독립을 위해 싸우러 가는 여정이었기에 **6천 리 대장정 길**에 오르는 장준하 일행의 발걸음은 가벼웠다.

고난의 행군.
하지만 장준하에게 조국의 독립을 위한 **희망의 길**이었다.

장장 5개월이 넘는 고통의 행군 끝에
1945년 1월 31일, 중국 충칭에 도착했다.

그곳에 태극기가 걸려 있었다.
난생처음으로 보는 태극기 앞에서
장준하의 몸은 굳어지는 듯했다.

"혹시 저것이······. 그렇다. 그것은 태극
기였다. 나의 온몸이 마비되는 듯이 굳어졌는데, 몇몇 동지들은 태극기
를 향해 엄숙히 거수경례를 하고 있었다. 그러나 나는 끝까지 움직일 수
가 없었다. 임시정부 건물 위에 휘날리는 태극기가 나에게는 점점 확대
되어 보였다. 휘날리는 기폭마다 나의 뜨거운 숨결이 휩싸여 안겼다. 그
리고 태극기의 기폭은 임시정부 청사가 아닌 조국의 강토를 뒤덮고 있
었다."

- 상순하, 『상준하 문집 2』, 사상, 1985

말로만 듣던 독립운동가들이 장준하 일행을 맞아 주었다.

"어서 오시오.
조선의 젊은이들이여!"

김구 선생이었다.

"저희들은 조국의 독립을 위해,
싸우기 위해
김구 선생님을 찾아왔습니다."

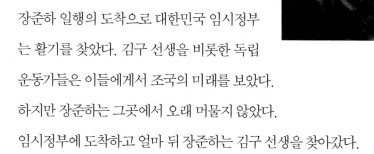

장준하 일행의 도착으로 대한민국 임시정부
는 활기를 찾았다. 김구 선생을 비롯한 독립
운동가들은 이들에게서 조국의 미래를 보았다.
하지만 장준하는 그곳에서 오래 머물지 않았다.
임시정부에 도착하고 얼마 뒤 장준하는 김구 선생을 찾아갔다.

"저는 더 이상 이곳에 머물고 싶지 않습니다.
우리는 싸우고 싶습니다.
총을 들고 일본과 직접 싸우러 떠나겠습니다."

장준하는 안전한 중국 땅에서 있기를 거부했다. 대한독립을 위
해 직접 총을 들고 싸우면서 실천하고 싶었던 것이다.

"어디로 가려고 하는가?"

김구 선생의 걱정어린 질문에 그는 당당히 대답했다.

**"저를 미국의 특수 부대,
OSS 미국 전략 정보 부대로 보내 주십시오."**

OSS 부대는 미국이 만든 특수 부대로, 미군 중에서도 가장 용맹한 특공대라고 할 수 있었다. 무시무시한 훈련을 이겨 내야만 OSS 대원이 될 수 있었다.

"장준하군, 자네야 말로 진정한 독립투사요. 당신의 젊음이 부럽소. 오늘이 4월 29일이오. 오래전 내가 윤봉길 의사를 사지로 보낸 날이기도 하오. 이 시계를 주겠소. 이 시계는 윤봉길 의사가 떠나면서 내 헌 시계와 바꾼 것이오. 이제 이 시계의 주인은 바로 장준하 동지요. 윤봉길 의사의 뜻을 기억해 주시오."

김구 선생은 윤봉길 의사의 시계를
장준하에게 주었다.
그것은 독립 운동가로서
최고의 명예를 의미하는 것이었다.

미군 최고의 정예 부대 OSS의 훈련은 고통스러웠다.

하지만 장준하와 동료들의 마음은 힘들수록 강해져 갔다.

드디어 꿈에 그리던 결전의 날……

국내 진공작전의 명령이 떨어졌다.

장준하는 미리 자신의 신변을 정리했다.

그동안 써 온 일기와 잡지를 소포 꾸러미에 쌌다.

죽음을 앞두고 그리운 아내에게 보내는 마지막 소포였다.

"며칠 뒤 국내로 떠나게 될 터인데

내가 죽은 것이 확인된 뒤에 이 주소로 부쳐 주시오."

1945년 8월 14일 새벽 4시,

이범석 장군을 대장으로 장준하, 김준엽, 노능서, 이해평

5명의 한국 광복군 대원과 미군을 태운 비행기가

새벽 공기를 가르며 서안 비행장을 이륙했다.

비행기는 6시간 40분을 날아 서해 상공으로 진입해 들어갔다.

국내 진공작전을 앞둔 장준하와 대원들의 주먹에

땀이 배어 나왔다.

그 순간 본부로부터 긴급 명령이 타전되었다.

'명령한다! 급히 회항하라!'

목숨을 걸고 나선 국내 진공작전이 취소되는 순간이었다.
어찌된 영문인지 몰랐지만 본부의 명령을 따라야 했다.
장준하 일행은 본부로 되돌아 온 후에
다음날 일본 왕의 항복 소식을 들을 수 있었다.
기쁜 소식이었다.
그러나 한없이 애석한 일이었다.

"조국의 광복을 얻게 되었다는 것은 더할 나위 없이 큰 기쁨이다. 그러
나 이미 각오된 결심으로 조국 광복의 기수가 되겠다는 기회의 상실은
안타깝도록 가슴 아픈 억울함이기도 했다. 연합군의 서해안 상륙작전이
며칠만 더 앞선 계획이었더라도 우리는 조국에 뛰어내려 통쾌하고 장
렬한 남아의 혼을 그들에게 보일 것이었거늘, 애석한 노릇이었다."

- 김삼웅, 『장준하 평전』, 시대의 창, 2009

1945년 8월 18일,

일본이 패망한 지 삼 일째 되던 날.

광복군 소속의 젊은 독립 운동가 4명을 태운 비행기가 여의도 공항에 착륙한다.

일본 왕이 항복했어도 엄연히 한반도는 일본 군대가 장악하고 있었다. 비행기가 착륙하자 일본군이 비행기를 포위했다.

"여긴 무슨 일로 왔지?"

"우리는 너희들의 질문에 대답할 의무가 없다. 너희는 이미 전 세계에 항복을 선언했다. 그러니 조선 땅에 남아 있는 너희 일본군이 우리의 지시를 따라야 한다."

"무슨 소리냐? 우리는 상부로부터 그런 명령을 받을 적이 없다."

"너희들의 천황이 이미 항복을 선언하지 않았느냐? 그러니 순순히 협조해라!"

순간 팽팽한 긴장감이 흘렀다. 서로 방아쇠를 당기기 직전이었다. 4명의 광복군은 여의도 벌판에서 수십 명의 일본군에 의해 포위되어 있었다. 하지만 젊은 독립군의 기개는 하늘을 찌르고도 남을 정도였다. 청년 독립군의 기세에 기가 한풀 꺾인 일본군 장교가 부드러운 말투로 입을 열었다.

"정 그렇다면 일단 우리 부대에서 하루를 보내도록 하시오. 그 사이 상부와 연락하여 알아보겠소."

다행히 전투는 벌어지지 않았다. 동행했던 미군 중령 벌드와 일본군 사령관 사이에 협상에 의해 이들은 다시 중국 서안으로 돌아가게 된다.

광복군으로서 전무후무하게 일본이 점령하고 있던 서울에 발을 디딘 4명의 젊은이*, 그 중에 장준하가 있었다. 나머지 3명은 김준엽, 노능서 그리고 지휘관인 이범석이었다. 일본의 항복이 며칠만 늦게 이루어졌다면 광복군이 서울을 탈환하여 일장기를 걷어 내고 그 자리에 태극기를 올릴 수 있었을 것이다. 장준하 일행은 울분을 삼키며 비행기에 다시 몸을 실었다.

"우리 손으로 독립을 이루기 위해 고된 훈련을 견뎠건만……."

장준하의 눈에서 눈물이 흘러내렸다.

이범석은 1915년 김좌진 장군과 함께 청산리 전투를 승리로 이끈 주역으로 해방 후 초대 국무총리와 국방장관을 역임했다. 노능서는 일제에 의해 학도병으로 끌려가 모진 고생을 하던 중 어머니의 죽음을 접하고 일본군 부대를 탈출하여 독립군이 된 인물이다. 김준엽은 장준하보다 먼저 일본군 쓰카다 부대를 탈출하여 독립군에 합류한 인물로 이후 역사학자로 활동하였고, 고려대학교 총장을 역임했다.

해방이 되었다.

꿈에 그리던 해방된 조국에 드디어 발을 딛게 된 것이다.
그러나 우리의 힘으로 이룬 것이 아니었기에
반쪽 해방에 불과했다.
일본이 물러난 자리를 미군이 차지하고 있었기 때문이다.

해방이 되자 여기저기서 자기가 독립운동을 했다고 나서는 사람들이 생겼다. 그중에는 친일파로 활동하던 사람들이 과거의 행적을 숨기고 독립운동가인 것처럼 행세하는 경우도 있을 정도였다.

장준하는 김구 선생의 비서로 활동하면서 큰 실망에 빠졌다.
많은 민족 지도자들이 서로 분열하여 대립을 거듭했기 때문이다.
장준하는 못다 한 학업을 계속하기로 결심하고
현실 정치를 떠난다. 그사이 대한민국의 정치는
엄청난 소용돌이에 빠지게 된다.

1945년 12월 30일 독립 운동가 송진우 암살
1947년 7월 19일 민족지도자 여운형 암살
1949년 6월 26일 대한민국 임시정부 주석 김구 암살
1950년 한국전쟁 발발

김구 선생의 암살과 동족끼리 총을 겨누는 한국전쟁을 지켜보던 장준하는 피난지인 부산에서 새로운 결심을 하게 된다.

"그래, 후손들에게 부끄러운 조상이 되지 않기 위해
역사에 길이 남을 잡지를 만드는 거야!"

하지만 돈이 없었다. 사무실도 없었다. 어디든 원고 보따리를 풀어 놓으면 그곳이 사무실이었다. 원고를 정리해 주는 아내가 직원이었다. 인쇄 비용은 아내 김희숙의 외투를 팔아 마련하였다.

"제가 잡지를 시작할 때는 무슨 돈이 있어서 시작한 것이 아니니까, 그래서 사무실도 없고 직원도 저 혼자였죠. 간혹 제 아내가 교정보는 것을 도와주는 정도였고, 모든 것을 빈손으로 시작하니까 참 한심했죠. 큰 가방 속에다 원고 보따리 넣어서 가지고 다니면서 그 가방을 열어 놓으면 그게 바로 내 사무실이었어요."

1953년 2월 20일,

드디어 한국을 대표하는 지성지

〈사상계〉창간호가

세상에 모습을 드러낸다.

창간호는 대성공이었다.

민족의 나아갈 길을 밝히고 정부의 잘못을 호되게 꾸짖는 〈사상계〉는 지식인은 물론 학생과 노동자들에게 신선한 충격을 주었다.

〈사상계〉는 권력의 눈치를 보지 않았다.

〈사상계〉는 국민의 입장에서 올곧은 말을 쏟아 냈다.

1958년 12월 24일, '국가 보안법 날치기' 사건

당시 이승만 정권이 국회에 경찰 병력을 동원하여 야당 국회의원을 강제로 끌어내고 국가 보안법을 통과시킨 반민주적인 사건이었다.

무엇을 말하랴!
민권을 짓밟는 횡포를 보고······

장준하는 〈사상계〉의 머리글에
위와 같은 제목만 붙인 채
아무 내용도 없는 백지로 권두언을 발행했다.
백 마디 말보다 가장 강력한 비판인 셈이었다.

그후 〈사상계〉로 비판적인 지식인들이 모여들었다. 그중 한사람이 바로 함석헌이었다. 독립운동가이며 사상가였던 함석헌은 민중들의 존경을 받는 대한민국 최고의 지성인이었다. 장준하와 함석헌은 이승만 독재 권력에 대한 비판을 쏟아 냈고, 그힘은 훗날 4·19 혁명을 이끌어 내는 데 밑바탕이 되었다.

1961년 5월 16일,
4·19 **혁명**으로 민주적인 정권이 탄생한 지 한 해만에
군인들이 탱크를 몰고 나와 군사 성변을 일으켰다.
5·16 **군사 쿠데티**가 발발한 것이다.

쿠데타의 주동 인물은 박정희였다.

박정희는 장준하와는 정반대의 삶을 살았던 사람이다.

장준하가 일본 제국주의에 맞서 광복군으로 활동하는 동안 박정희는 일본 군인이 되기 위해 한국 이름을 버리고 '다카키 마사오'라는 일본식 이름으로 바꾼 후, 일본 육군사관학교에서 일본 천황을 위해 목숨을 바치겠다는 내용의 혈서까지 쓴 인물이었다. 또한 해방 후 자신의 친일 경력을 숨기기 위해 남로당에 가입했다가 동료들을 밀고하고 자신만 살아남은 자이기도 했다.

5 · 16 군사 쿠데타가 벌어진 직후
장준하는 〈사상계〉에 함석헌의 글을 실었다.

총을 든 군인들이
오랫동안 권력을 잡는 것은
민주주의를 위해 결코 이롭지 않다.
그러니 군인들은 민주주의를 위해
현재 손에 쥐고 있는 권력을 하루빨리
내놓아야 할 것이다.

- 김형덕, 『THINK 장준하』, 웅진씽크하우스, 2007

이것은 장준하와 박정희 군사 정권과의
오랜 싸움의 시작이었다.
박정희 정권에게 장준하와 〈사상계〉는 눈엣가시가
아닐 수 없었다. 이들은 〈사상계〉를 없애기 위해
온갖 수단을 쓰기 시작한다.
박정희 정권의 온갖 탄압에도 장준하가
무릎을 꿇지 않자
군사 정권은 장준하를 잡아
감옥에 가둔다.

국내에서 엄청난 탄압을 받던 장준하……
민주주의를 향한 장준하의 희생과 노력은 해외까지 알려진다.

1962년 장준하가 한국인 최초로
아시아의 노벨상으로 불리는
막사이사이상 수상자로 선정된 것이다.
장준하 개인의 영광은 물론 대한민국 전체의 영광이었다.

"이 상은 나에게 준 것이 아니라 〈사상계〉에게 준 것입니다. 그리고 이
상을 준 뜻은 보다 열심히 나라의 부정부패와 잘못된 권력에 대항해 싸
우라는 하늘의 뜻이라 생각합니다."

독재 정권에 대한 장준하의 비판은 더욱 날카로워졌다.
모두가 두려워 말을 못하고 있을 때
장준하에게는 두려움이 없었다.

"대한민국 국민이면 누구나 헌법에 정한 자격을 갖추면 대통령이 될
수 있습니다. 그러나 단 한 사람 박정희씨는 대통령이 되어서는 안
됩니다. 그는 일본 왕에게 충성을 맹세한 대표적인 친일파이기 때문
입니다."

현직 대통령에게 그렇게 말할 수 있었던 사람이
바로 장준하였다. 독재 정권을 반대하는
많은 사람들이 장준하의 연설에 열광했다.
그러나
독재자 박정희 대통령은
장준하에게 이를 갈았다.

장준하는 두 번 연속 구속되어 감옥으로 끌려가게 된다.
하지만 감옥 속에서도 당당하게 국회의원에 출마한다.

"이번 선거는 일본군 출신 박정희와 광복군 출신 장준하의 대결이야!"

사람들은 감옥에 있는 장준하에게 지지를 보냈다.
2만 표의 압도적인 차이로 국회의원에 당선된 것이다.

하지만 1967년,
12월호를 마지막으로
〈사상계〉는 강제 폐간되고 만다.
당시 고위 관료와 정치인을 도둑에 비유한 김지하 시인의
「오적」이라는 시를 실었다는 이유 때문이었다.

박정희 정부는 긴급조치라는 헌법에도 없는 명령을 내려
자신을 비판하는 사람들을 구속하고 처벌하기 시작하였다.

긴급조치 1호 :
유신헌법을 반대, 부정, 비방하거나 개헌을 주장하는 일체의 행위를 금
지하고, 위반한 자는 영장없이 체포하여 군법회의에서 15년 이하의 징
역에 처한다.

긴급조치의 첫 번째 희생자는
장준하와 그의 친구이자 동지인 백기완이었다.

장준하는 군법회의에서 징역 15년이라는 중형을 선고받고
다시 감옥으로 끌려가게 된다.

**하지만 독재 정권의 탄압도
장준하의 생각과 말과 행동을
멈추게 할 수는 없었다.**

1975년 1월 8일 장준하는 박정희 대통령에게
장문의 공개서한을 보낸다.

…

국헌을 준수한다고 서약한 귀하 스스로가 그 선서를 헌신짝같이 버리
고 헌법기관의 권능을 정지시키고, 헌법 제정권력의 주체인 국민을 강
압적인 계엄 하에 묶어 놓고 '국민투표'라는 요식행위를 통해 제정한
소위 '유신 헌법'으로 명실상부하게 귀하의 일인 독재 체제만을 확립
시켰습니다. 민주주의만이 북과 대결할 수 있는 우리의 정신적 지주요,
도덕적 바탕입니다.
이에 본인은 다음과 같이 요구합니다.
……

이 지구상에는 수백 억의 인간이 살다 갔습니다. 그중 '가장'이 되었던
사람들은 누구나 '내가 죽으면 내집은 어떻게 되는가?'라는 걱정을 안
고 갔을 것입니다. 그러나 인간 사회는 발전하여 왔습니다. 우리들도
예외일 수는 없습니다.

장준하의 공개서한은
민주화 운동의 시발점이 되어
전국으로 퍼져 나갔다.

1975년 봄,

장준하는 오랜만에 부모님의 산소를 찾았다.

그는 부모님의 산소를 어루만지며 천천히 잡풀을 뜯었다.

장준하는 액자에 모셔 두었던 태극기를 걷어 보자기에 담았다.

김구 선생이 윤봉길 의사를 떠나보낼 때

임시정부에 걸었던 태극기였다.

그는 보물과도 같은 그 태극기를

이화여대에 기증한다.

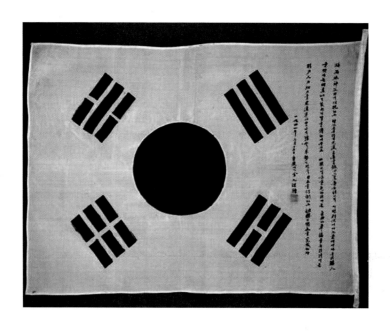

그리고 1975년 8월 17일 아침,
간단한 도시락을 싸들고 등산길에 나선 장준하는
포천 약사봉 절벽 아래에서 시신으로 발견된다.

오른편 머리에 둥근 모양의 둔기로 맞은 흔적이 있을 뿐
아무런 외상은 없었다.
모든 국민들이 장준하를 죽이도록 명령한 사람이 누구인지
직감했다. 하지만 경찰은 엉뚱한 결론을 내렸다.

**'장준하는 등산을 하다 발을 헛디뎌
떨어져 사망하였다.'**

1975년 8월 18일 동아일보는 다음과 같이 보도했다.
'항일 독립투사이며 전 국회의원인 장준하씨가 17일 오후 2시반경 경
기도 포천군 이동면 도평 2리 약사봉에 등산을 갔다가 하산길에 벼랑
에서 실족, 추락해 별세했다.'

아무도 경찰과 언론을 믿지 않았다.
그러나 죽음의 진실은 오랫동안 밝혀지지
않은 채 땅속에 묻히고 만다.

그가 죽은 지 38년의 세월이 흐른 뒤,

장준하가 다시 나타났다.

2012년 8월 1일, 경기도 파주시 광탄면 천주교 공동묘지……

태풍으로 무너진 무덤을 조심스럽게 파 내는 동안

긴장감이 감돌았다.

무덤의 흙을 파 내던 사람들의 손이 조심스러워졌다. 37년 동안 땅속에 묻혀 있던 유골이 조금씩 모습을 드러내기 시작했다. 그 모습을 지켜보던 유족들의 눈은 가늘게 떨리며 소리 없는 눈물을 흘렸다. 무덤 속에 잠들어 있던 그의 유골이 세상에 모습을 드러내는 순간 묻혀 있던 역사의 진실도 모습을 드러냈다.

다음해인 2014년,

'고 장준하 선생 의문사 사인 진상조사 공동위원회'의

법의학 전문가 이정빈 서울대 명예교수가 기자들 앞에 섰다.

"장준하 선생의 두개골 함몰은 외부 가격에 의한 것이며 가격으로 즉사한 이후 추락해 엉덩이뼈 관골가 손상된 것으로 보입니다"

장준하의 죽음이 명백한 타살이라는 조사 결과였다.

이제 국민들은

장준하 그가 누군가에 의해 살해되었다는 것을 안다.

장준하를 죽이라고 지시한 사람이 누구인지도 안다.

그러나

대한민국 정부는 여전히 장준하의 죽음에 대해

입을 다물고 있다.

소년 시절부터 죽음의 순간까지

생각과 말과 행동이 일치했던 사람, 장. 준. 하.

젊은 시절에는 조국의 독립을 위해,

나이가 들어서는 한국의 민주주의를 위해,

변함없이 삶을 불사른

장. 준. 하.

그는 지금도 우리에게

어떤 삶을 살아야 할지를 묻고 있다.

한까칠 청소년 기자의 가상 인터뷰

역사의 진실을 외면해서는 안 돼

한까칠 선생님은 광복군이자 언론인이자 정치인이셨습니다. 선생님의 삶을 한마디로 무엇이라고 할 수 있을까요?

장준하 저는 생각대로 말하고, 말한 대로 행동하면서 살아왔습니다. 독립운동 시절, 독재 정권과 싸우던 시절 모두 저는 똑같은 삶의 원칙을 따랐을 뿐입니다.

한까칠 선생님께서는 독재 권력에 대해 끊임없이 비판을 하셨습니다. 그것 역시 민족을 위한 것이었나요?

장준하 물론입니다. 이승만 정권은 우리 민족을 배신하고 독립운동가들을 탄압한 친일파와 손을 잡았습니다. 그것은 민족이 나아가야 할 길과는 정반대의 방향이었습니다. 또한 박정희씨는 자기 스스로 일본군 장교가 되기 위해 일본 왕에게 혈서까지 썼던 인물입니다. 그런 사람이 우리 민족의 지도자가 된다는 것은 결코 올바른 일이 아닙니다.

한까칠 그러나 일부에서는 박정희 전 대통령이 경제를 성장시킨 공로를 인정해야 한다고 주장합니다. 이에 대해서는 어떻게 생각하십니까?

장준하 하하하! 까칠한 질문이시군요. 그에 대해 저는 이렇게 반문하고 싶습니다. 수백만 명을 죽음으로 내몬 히틀러도 독일의 경제를 성장시켰습니다. 그렇다고 히틀러를 정당하다고 말할 수 있을까요?

한까칠   까칠한 질문을 하나 더 드릴까 합니다. 선생님께서 끊임없이 비판하시던 박정희씨의 딸이 대통령이 되었습니다. 이에 대해 한 말씀 하신다면?

장준하   정말 까칠하군요. 하지만 제가 누굽니까 목에 칼이 들어와도 할 말은 하는 사람입니다. 독재자의 딸이라고 해서 대통령이 되지 말란 법은 없지요. 국민들의 지지를 받는다면 누구나 대통령이 될 자격이 있으니까요. 다만, 선친이 관련되어 있다고 해서 역사의 진실을 외면하는 일이 있어서는 안 될 것입니다. 역사란 과거와 현재의 끊임없는 대화라고 하지요. 역사는 단지 지나간 과거가 아니라 현재의 세계관으로 과거를 해석하고 기록하는 것입니다. 그렇기 때문에 모든 역사는 현재의 역사인 것입니다. 대한민국의 자랑스러운 대통령으로서 민족의 미래를 올바른 방향으로 이끌이 기려 한다면 현재의 역사를 바르게 써 나아가야 할 것입니다.

장준하 연표

1910

1918 출생

1918 독일 11월 혁명
1919 3 · 1 운동
1919 파리강화회의
1920 청산리대첩

1920

1920 일본 경찰을 피해 삭주로 이사
(아버지 장석인의 독립운동)

1926 6 · 10 만세운동

1930

1933 숭실중학교 입학
1938 신성중학교 졸업, 소학교 교사

1932 윤봉길 의사 의거
1933 미국 루스벨트 대통령 취임

1940

1941 일본 동양 대학 입학
1943 김희숙과 결혼
1944 학도병 자원, 탈출
1945 임시정부 도착, 미군 OSS 훈련,
국내 진공작전(여의도 착륙),
김구 선생 비서
1949 한국신학대학 편입, 졸업

1941 태평양 전쟁 발발
1943 일본 학병제 실시, 카이로선언
1945 8 · 15 해방
1945 제2차 세계 대전 종전
1949 김구 선생 피살
1949 중화인민공화국 성립
1950 6 · 25 전쟁 발발

1950

1953 〈사상계〉 창간
1958 정부 비판으로 경찰에 연행

1953 한미상호방위조약
1960 3 · 15 부정 선거, 4 · 19 혁명
1960 경제협력개발기구(OECD) 설립

1960

1962 막사이사이상 수상
1964 한일국교 반대 박정희 정권
비판 연설
1966 구속 수감
1967 2차 구속 수감, 7대 국회의원
옥중 당선

1961 5 · 16 군사 쿠데타
1961 존 F. 케네디 미국 대통령 취임
1966 중국 문화대혁명
1967 체 게바라 사망

1970

1973 민주회복을 위한 개헌청원
백만 인 서명운동
1974 긴급조치 위반으로 구속
1975 의문의 죽음

1971 박정희 대통령 3선 당선
1972 10월 유신 선포
1973 제1차 석유 파동
1974 대통령 긴급소지 선포
1975 레바논 내전 발발

2010

2013 '고 장준하 선생 의문사 사인
진상조사 공동위원회' 조사 결과
발표(타살 가능성이 매우 큼)

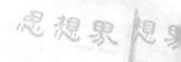

체 게바라

최고의 자리를 박차고
초심으로 돌아간, 사랑과 열정의 혁명가

"나는 의사가 되기 전에
이 세상을 알고 싶어!
아메리카 민중들이
어떻게 살아가고 있는지 알고 싶어.
왜냐고?
그들은 모두 나의 사랑하는 친구들이니까"

1967년 10월 7일,

남아메리카 볼리비아 안데스 산맥의 험준한 협곡……

총상을 입은 한 사내가 정부군에 의해 생포된다.

덥수룩한 수염과 머리카락,

정글 속을 헤매느라 굶주리고 지친 몰골,

그러나 사내의 눈빛은 강하게 빛나고 있었다.

그는 바로 쿠바 혁명을 이끈 영웅, **혁명가 체 게바라**였다.

체 게바라의 체포 소식은 곧바로 상부에

긴급히 보고되었다.

특공대 사령관과 미국 CIA 소속 요원이

헬기를 타고 급히 현장으로 날아왔다.

라틴 아메리카의 민중들을 열광케 한 영웅적인 혁명가.

체 게바라를 지켜본 사람들은 그에게 매료되어 갔다.

"그는 공정한 사람이었어요. 그리고 고귀한 정신의 소유자였지요."

— 감금된 체 게바라를 목격한 초등학교 교사 훌리아 코르테스

"그는 상처의 고통 속에서도 볼리비아 민중들의 비참한 삶에 대해
관심을 보였어요. 그 때 저는 그에게 매혹당해 버렸어요."

— 체 게바라를 감시하던 정부군 소속 하사관 마리오우에르타

총상을 입고 비참하게 끌려온 포로, 체 게바라……

그를 본 사람들은 왜, 그에게 매혹당했을까?

사령관과 CIA요원이 심문을 진행하던 시각, 어딘가로부터 급
한 무선 명령이 하달된다.

'체 게바라를 즉시 처형하라!'^{*}

체 게바라의 처형을 지시한 최종 명령자가 누구인지에 대해서는 정확히 밝혀진 바 없
으나, 여러 가지 정황으로 미루어 볼 때 CIA를 통해 소식을 보고 받은 미국 백악관의
의견에 따른 것으로 보인다.

사살 명령이 떨어졌지만,

아무도 체 게바라를 향해 방아쇠를 당기려 하지 않았다.

그 누구도 영웅적인 혁명가를 살해한 살인자로

역사에 기록되기를 원하지 않았다.

CIA 요원은 볼리비아 정부군 소속 하사관 한 명을

체 게바라의 사형 집행인으로 지목한다.

그의 이름은 **마리오 테란**.

그는 벌벌 떨고 있었다.

1967년 10월 8일,

체 게바라를 처형하라는 명령이 다시 떨어졌다.

그는 자신에게 주어진 엄청난 임무를 명령받고 공포에 휩싸였
다. 술을 마시고 용기를 내었지만 총을 움켜쥔 그의 손은 부들
거리며 떨리고 있었다.

CIA 요원이 재촉하자 마리오 테란은 체 게바라가 갇혀 있는 방
으로 들어섰다.

총을 든 손은 여전히 떨리기만 했다.

"당신이 나를 죽이러 왔다는 것을 알고 있소.
겁내지 마시오. 그냥 방아쇠를 당기면 됩니다."

그것은 체 게바라의 마지막 말이었다.

마리오 테란은 눈을 감고 벨기에제 소총 UZI의 방아쇠를 당겼다. 총알은 체 게바라의 심장을 정확히 뚫지 못하고 몇 차례 빗나간 후에야 체 게바라의 목숨을 끊을 수 있었다. 체 게바라를 죽인 마리오 테란은 당시의 상황에 대해 이렇게 말했다.

"그의 눈이 강하게 빛나고 있었습니다. 나는 그에게 매혹당했습니다.
나는 크고 위대한 그의 모습을 보았습니다."

그리고 6개월 뒤,
1968년 4월 볼리비아의 수도 라파스.
평범한 주택가 건물 4층에서
한 남자가 투신 자살한다.

그의 이름은 **마리오 테란.**
볼리비아 정부군 소속 하사관.
그는 **체 게바라의 사형 집행인**이었다.

체 게바라의 본명은 **에르네스토 게바라**[*].

그는 1928년 **아르헨티나** 부에노스아이레스의 로사리오 마을에서 태어났다. 에르네스토의 부모는 상류 계급 출신이었지만 신분에 얽매이지 않고 사상과 문화에 대한 열정이 강한 분들이었다. 그가 자신의 일생을 사랑과 열정으로 채울 수 있었던 것도 부모님의 영향이라고 할 수 있다.

어린 시절 그는 **심한 천식**을 앓는 병약한 아이였다.

평생 동안 그를 괴롭힌 천식은

시도 때도 없이 게바라를 괴롭혔다.

한번 기침이 터지면 쓰러질 때까지 멈추지 않을 때도 있었다.

심한 천식에도 불구하고 에르네스토는

활동적인 운동을 즐기고 친구들과 어울리기를 좋아했다.

한편 부당한 현실에 대해서는

단호하고 비판적인 생각을 가지고 있었다.

사람에 대한 사랑과 열정이 있었기 때문이었다.

게바라는 어린 시절

부모님을 따라 원주민 인디오들이 많이 모여 사는

치카스 산악 지방으로 이주하게 된다.

이곳에서 어린 시절을 보내는 동안 에르네스토는 인디오 친구들과 어울려 지내곤 했는데, 어느 날 인디오 친구집에 놀러 갔던 어린 에르네스토는 엄청난 충격을 받게 된다.

그 친구가 부모와 다섯 형제들과 함께 침대가 하나뿐인 한 칸짜리 오두막에서 비참한 생활하고 있었던 것이다.

집에 돌아온 그가 아버지께 물었다.

"어떻게 일곱 식구가
누울 수도 없는 좁은 오두막에서 살 수가 있죠?"

"그렇단다. 가난은 이 세상에 존재한다.
그러나 그에 대항하여 싸울 줄 알아야 한다."

아버지와의 대화에서 어린 에르네스토는 처음으로 이 세상이 결코 정의롭지 않다는 사실에 눈을 뜨게 된다.

체(Che)라는 이름은 게바라가 1954년 라틴 아메리카를 여행하던 도중 과테말라에서 만난 친구 로페스가 붙여 준 별명이다. Che는 'Hey, man'이라는 뜻으로 아르헨티나 사람들이 대화를 시작할 때 습관적으로 쓰는 말인데, 당시 게바라 역시 그 말을 습관처럼 썼다고 한다.

당시 독재 권력은 호텔과 골프장을 지어 돈을 버는 데만 혈안이 되어 있을 뿐, 인디오들의 비참한 삶에는 관심이 없었다.

"친구 가족들은 고통을 받고 있는데 나만 편히 잘 수는 없어."

게바라는 잘못된 현실에 분노를 느꼈다. 대부분의 상류 계급 사람들이 가난한 인디오에게 관심조차 두지 않았지만 게바라는 달랐다. 게바라에게는 사랑하는 친구일 뿐이었다. 그리고 친구의 고통을 보고 분노를 느끼는 것은 당연한 일이었다.

게바라는 15세 때 서민층 아이들이 다니던
데안 푸네스 국립중학교에 입학하게 된다.
이곳에서 인생 멘토가 되어 준
알베르토 그라나다를 만난다.

그는 게바라보다 6살이 많았다. 학생 시위를 이끈 혐의로 감옥에 다녀온 경험이 있었으며 남다른 운동 실력도 갖추고 있었다. 알베르토는 럭비 선수로도 활동하고 있었는데, 그가 출전한 시합을 관전했던 게바라는 그 모습에 반해 알베르토를 찾아가 럭비를 가르쳐 달라고 졸랐다.

"럭비를 하고 싶다고? 미안하지만 넌
첫 번째 태클이 들어오는 순간 두 동강 나고 말 걸!"

비쩍 마르고 천식으로 콜록거리는 작은 소년이 럭비를 하겠다니 기가 막혔던 것이다. 하지만 에르네스토의 고집도 만만치 않았다. 알베르토는 일단 테스트를 해 보기로 했다.

"두 번, 다섯 번, 열 번…… 그는 가볍게 장대를 뛰어넘었어요. 어찌나 쉬지 않고 열심히 해 대는지 내가 나서서 말리지 않을 수 없을 정도였죠."

고통스러운 천식도
게바라의 열정을 꺾을 수는 없었다.

게바라는 정식으로 럭비 선수가 되었다.
천식 때문에 호흡 곤란을 겪으면서도 그는 시합 때마다 선두에 나서 최선을 다했고, 동료들은 언제 천식이 도질지 모르는 그를 위해 호흡 보조기를 들고 그를 응원했다.

1947년, 19세가 된 게바라는 부에노스아이레스 의과 대학에 진학한다. 의대생이었던 알베르토의 영향이었다.

상류층 엘리트만이 갈 수 있었던 의과 대학.
의사가 되어 돈과 명예는 물론
사람들의 존경을 받으며 편안하게 살 수 있는 길이었다.

에르네스토 게바라는 공부만 하는 범생이가 아니었다.
럭비와 축구 선수였고, 체스와 장대높이뛰기 선수로도 활약했
다. 스포츠뿐 아니라 모든 일에 열정을 쏟았다.

전공과목인 의학뿐 아니라 철학·정치학·심리학 등
다양한 분야에 관심을 두었다.
그가 훗날 의사이자 위대한 혁명가이며 정치가가 될 수 있었던
기반을 대학 시절에 갖추었다고 할 수 있다.
의과 대학 동료이자 지지자였던 티타 인판테는 체 게바라가
죽은 뒤 그에게 바치는 헌사에서 다음과 같이 회상했다.

"그는 여행, 일, 스포츠럭비. 축구 등에 시간을 할애하고, 생활에 큰 부분
을 독서와 운동에 바쳤으면서도 6년이 채 지나지 않아 의과 대학을 졸
업했습니다. 에르네스토 게바라는 공부하는 법을 알고 있었습니다. 그
는 항상 문제의 핵심으로 들어갔고, 거기에서 자신의 계획이 허락하는
한 최대한 뻗어 나갔습니다."

1951년 23세 의과 대학 기말 시험에 통과한 에르네스토는 이미 의사가 되어 있던 알베르토와 함께 여행을 떠나기로 한다. 그 여행은 단순히 시험에서 해방된 기분을 즐기기 위한 관광이 아니었다. 포데로사라는 중고 오토바이 한 대로 4,500km를 돌며 남미 대륙 각국의 현실을 체험하기 위한 험난한 여정이었다.

"나는 의사가 되기 전에 이 세상을 알고 싶어!
아메리카 민중들이 어떻게 살아가고 있는지 알고 싶어.
왜냐고? 그들은 모두 나의 사랑하는 친구들이니까."

여행을 통해 그는
라틴 아메리카 민중들의 비참한 삶에 대해 눈을 뜨게 된다.

여행은 그의 가슴 속에
혁명의 뜨거운 열정을 심어 주었다.

아르헨티나를 출발한 그는 라틴 아메리카 곳곳을 누빈다.
칠레에서 노동자 친구들을 만나 다국적 기업의 횡포에 대해
토론하고, **페루**에서는 나환자촌의 비참한 삶 속으로 뛰어들어
환자들을 치료한다. **콜롬비아**에 도착했을 때 내전 때문에 고
통에 시달리는 민중들의 모습을 목격한다.

여행을 통해
그의 가치관은 서서히 변하기 시작한다.

그가 쓴 기행문『모터사이클 다이어리』
첫머리에는 다음과 같은 글이 씌어져 있다.

"아르헨티나 땅에 다시 발을 디딘 그 순간, 이 글을 쓴 사람은 사라지
고 없는 셈이다. 이 글을 다시 구성하며 다듬는 나는 더 이상 예전의
내가 아니다. 우리의 위대한 아메리카 대륙을 방랑하는 동안 나는 훨
씬 많이 변했다."

'길이 끝나자 여행이 시작되었다.'

그의 진정한 여행은 여정을 마치고 돌아온 때부터 시작이었다.

여행이 그가 지녔던 삶의 목표를 송두리째 바꿔 놓은 것이다.

"나에게 새로운 조국이 생겼다.
아르헨티나를 넘어 라틴 아메리카 전체가 나의 조국이다.
조국의 고통받는 민중들을 위해 나의 열정을 바치겠다."

그 여행은 의사로서 부와 명예를 얻고 편안하게 살 수 있었던 삶을 **험난한 혁명의 길**로 바꾸는 계기가 되었다.

1953년 4월, 여행에서 돌아온 에르네스토는 의사 시험에 집중하여 모든 시험에 합격하고 의학박사 학위를 취득한다. 하지만 그의 꿈은 단지 의사가 되는 것이 아니었다. 의학은 라틴 아메리카 민중들을 해방시키는 데 필요한 도구에 불과했다.

"나의 꿈은 의사가 되는 것이 아니다.
의사는 진정한 나의 꿈을 이루기 위한 과정일 뿐."

많은 사람들이 의사, 변호사, 대통령이 되겠다는 꿈을 갖는다. 하지만 게바라에게 의사라는 직업 자체는 꿈이 아니었다. **민중의 해방**이라는 진정한 꿈을 이루기 위한 과정일 뿐이었다.

1953년 7월 7일,

게바라는 두 번째 라틴 아메리카 여행을 떠난다.

첫 번째 여행이 막연한 꿈을 향해 떠난 여행이었다면,

두 번째 여행은

라틴 아메리카 민중 해방을 위한 첫 행보였다.

내전의 와중에 있던 **볼리비아**,

혁명의 열기가 퍼져있던 **페루와 에콰도르**,

그리고 **과테말라**, **파나마**를 거쳐 도착한

코스타리카에서는 혁명을 꾀하다가 망명한 수많은 사람들

을 만나게 된다.

특히 12월에는 쿠바 혁명의 시발점이 되었던 몬카다 병영 습격

사건*의 당사자인 칼 릭스토 가르시아와 세베리노 로셀 등을 만

나 민중 해방에 대한 구체적인 대화를 나누기도 했다.

코스타리카에서 들르게 된

세계적 기업 '유나이티드 프루트 사'는

미국 자본에 의해 설립된 거대 기업으로

코스타리카를 비롯한 남미 국가에서

헐값으로 바나나를 재배하여 미국으로 수출,

엄청난 이익을 챙기는 회사였다.

게바라는 유나이티드 프루트 사가 차지한

거대한 영지를 바라보았다.

"민중들은 편히 누울 집도 없는데, 강대국 기업이라고 어떻게 마음대로

남의 나라 땅을 다 차지할 수 있지?"

게바라의 가슴은 분노로 차올랐다.

그것은 민중에 대한 사랑에서 우러나오는 분노였다.

그리고 결심했다.

몬카다 병영 습격 사건 1953년 7월 26일, 쿠바 동남부 산디에고 드 쿠바. 137명의 반군이 지역 방송국과 병원을 접수하고 몬카다 병영에 총격을 가한 사건. 이 사건으로 61명이 사살되고 51명이 잡혔으며, 주모자인 27세의 변호사 피델 카스트로도 체포돼 비밀 재판에서 15년형을 선고받았다. 그는 '역사가 나를 무죄로 하리라.'라는 유명한 최후 진술을 남겼다. 쿠바 혁명의 시발점으로 평가된다.

게바라는 자신의 결심을 편지에 써서
사랑하는 가족을 대표하여 이모에게 보낸다.

"…… 저는 이 자본주의의 문어발을 쓸어 버리기 전까지는 쉬지 않겠다고 맹세했습니다. 이를 위해 과테말라에서 제 자신을 갈고닦아 진정한 혁명가가 되기 위해 해야 할 일을 하려고 합니다."

'여행이 끝나자 길이 시작되었다.'

1954년, 스물여섯 살이 된 에르네스토는
온두라스를 거쳐 **과테말라**로 향했다.

이번엔 여행이 아니라
혁명이라는 새로운 길을 걷게 된 것이다. 여기서 그는
첫 번째 아내이자 동지인 **일다 가데아 아코스타**를 만난다.
그리고 일다의 소개로
또 다른 몬카디스타 몬카다 병영을 습격한 사람들인
로페스를 만나 **체** Che **라는 새로운 이름을 얻게 된다.**
혁명가 체 게바라로 새로운 길을 걷기 시작한 것이다.

당시 과테말라는 개혁을 내걸고 당선된 야코보 아르벤스 대통령이 라틴 아메리카 전역의 바나나를 독점하고 있던 유나이티드 푸르트 사의 땅 8만 4000헥타르를 몰수하는 정책을 추진하고 있었다.

"저 대통령 야고보는 민중의 피와 땀을 빨아먹는 악덕 기업 유나이티드 푸르트 사가 차지하고 있는 땅을 민중에게 돌려줄 것입니다."

민중들은 열광적으로 찬성했다.

그러나,
미국 CIA는 과테말라 정부를 전복시키려고
과테말라에 대한 공중 폭격을 감행한다.
결국 과테말라의 개혁 정부는 무너지고
미국에 의해 꼭두가시 정권이 들어서게 된다.

그리고 과테말라의 시민 9,000명이 죽거나 감옥에 갇히게 된다.

"선거로는 그들을 이길 수 없어! 진정한 독립을 위해 총을 들어야 해.
혁명만이 우리 민중을 구할 수 있어!"

이를 목격한 체 게바라는 혁명가로서의 결심을 더욱 굳힌다.
그는 본격적인 혁명을 준비하기 위해 **멕시코**로 떠난다.

1956년 멕시코, 체 게바라는 새롭게 태어난다.
쿠바 혁명의 지도자 **피델 카스트로**를 만나
본격적인 훈련에 돌입했다.
또한 아내 일다와의 사이에서 첫째 딸 베아트
리스가 태어난다. 아버지가 된 체 게바라는 갓
태어난 딸 베아트리스를 위해 시를 지었다.

아르헨티나의 얼굴과
안데스에 자라는 나무의 단단함을
부여받은 강인한 기질.
페루 민족이 그에게 준 부드럽고 섬세한 갈색 피부
더불어 멕시코의 대지는
넘치도록 풍요로운 온화함을 베풀었네.

－「가장 깊은 사랑의 꽃잎」

그의 시에서 표현된 것처럼 체 게바라에게 베아트리스는 라틴
아메리카의 영혼이요, 상징이었던 셈이다.

멕시코에서의 훈련은 스페인 출신 퇴역 장군 알베르토 바요의 지휘 아래 이루어졌다. 바요 장군은 스페인 내전* 당시 쿠데타를 일으킨 프랑코 군대와 맞서 싸우다 망명한 백전노장이었다. 사격 훈련을 비롯한 다양한 게릴라 전술 등 쿠바에 침투하기 위한 고된 훈련이 이어졌다.

그러나 6월 24일 멕시코 정부군에 의해 훈련장이 포위되고 다른 동료들과 함께 체 게바라도 감옥에 갇히게 된다. 하지만 체 게바라에게 감옥은 오히려 혁명 의지를 강화시키는 자극제가 되었다. 그는 감옥 안에서 단식 투쟁을 하며 어머니께 다음과 같은 편지를 쓴다.

스페인 내전 1936~1939년에 스페인에서 일어난 내전. 1936년 2월 총선거에서 스페인에 인민전선 내각이 성립되었다. 이에 반대하는 프랑코 장군이 인솔하는 군부가 반란을 일으켜 치열한 내전이 일어났다. 독일의 히틀러와 이탈리아의 무솔리니가 프랑코 측을 지원한 것에 반하여 인민전선 정부군 측은 소련 제외한 강대국으로부터 지원을 거절당한다. 전 세계적으로 정부군을 지원하기 위해 수많은 젊은이들이 전쟁에 자원하였다. 그러나 점차 정부군 측에 불리하게 되어 1939년 3월 수도 마드리드가 함락되어 내전은 프랑코 장군의 반정부군 측의 승리로 끝났다.

'어머니 저는 예수와 전혀 다른 길을 걷고 있습니다. 저는 힘이 닿는 한 모든 무기를 동원하여 싸울 것입니다. 저들이 나를 십자가에 매달아 두게 하지 않을 것이며, 어머니가 바라시는 방식대로도 하지 않을 겁니다.'

체 게바라는 **의사**이자 **혁명을 추구하는 게릴라**였다. 의사는 어떠한 상황에서도 생명을 살리기 위해 메스를 들어야 한다. 반면 게릴라는 혁명을 위해 살인도 불사해야 하기 때문에 총을 든다.

의사이며 혁명가인 체 게바라는 한 손에는 메스, 다른 한 손에는 총을 들고 혁명의 길을 떠난다.

1956년 11월 25일28세, 체 게바라를 비롯한 82명의 전사들이 쿠바 혁명을 위해 그란마 호를 타고 출정길에 오른다. 원정길은 순탄치 않았다. 항해 도중 뱃멀미와 질병으로 대원들이 고통을 호소했다. 체 게바라가 의사로서 능력을 발휘했지만 혼자서 감당하기엔 역부족이었다.

목적지에 상륙했을 때는 빗발치는 총탄과 무지막지한 포탄이 이들을 맞이했다. 초기 전투는 매우 치열했고 피해도 컸다. 12월 23일 쿠바 혁명의 상징인 시에라 마에스트라 산악 지대에 도착했을 때 원래 82명이었던 혁명군은 단 12명으로 줄어 있었다. 하지만 체 게바라와 대원들은 좌절하지 않았다. 우선 전열을 정비하기 위해 시에라 마에스트라 지역에서도 가장 험준한 투르키노 산에 본거지를 마련했다.

"우리는 민중들을 구하기 위해 혁명에 나섰습니다. 혁명은 총을 들고 하는 싸움만이 아닙니다. 민중들의 신뢰야말로 혁명의 가장 센 무기입니다."

의학박사 체 게바라의 능력은 여기서도 빛을 발한다. 그는 어려운 형편 때문에 치료를 받지 못하는 농민들을 성심껏 치료해 주었다. 쿠바 정부로부터 아무런 지원도 받지 못했던 농민들은 체 게바라 일행의 행동에 감동하기 시작한다.

다음은 프랑스 기자 장 코르미에가 전하는 당시 일화이다.

'일곱 식구가 한 방에 사는 허름한 오두막에서 무시무시한 소문으로만 듣던 게릴라가 두 살짜리 어린아이를 팔에 안아 올리자 식구들은 눈이 휘둥그레졌다. 시에라마에스트라 사람들은 병원은커녕 의사의 그림자도 보지 못하고 살아왔다. 그들은 의사들이 도시에나 있고 또 병원을 찾는 일은 많은 돈이 든다는 걸 알고 있었다. 그런데 이상한 억양을 갖고 있는 이 사람체 게바라은 따뜻한 미소만 지을 뿐 아무런 요구도 하지 않는 것이었다. ······

그는 정치적 발언은 일절 하지 않고 성심껏 환자들을 돌보았다. 그는 사람들의 가슴에 호소하는 최고의 사절이었다. 지역 라디오 방송에서도 이미 그의 이름이 오르내리고 있었다. 게릴라 중에 백인 의사가 있는데 '체'라고 불린다고······.'

- 장 코르미에, 『체 게바라 평전』, 실천문학사, 2000

체 게바라는 험준한 산속에서 활동하였지만 그의 이름과 행동은 사람들의 입에서 입으로 전해져 서서히 쿠바를 넘어 라틴 아메리카 사람들의 영웅으로 알려지기 시작한다.

**'혁명군 중에 잘생긴 의사가 있는데,
우리 같은 농민들을 치료해 준대!'**

'국가에서도 우리를 외면하는데 게릴라가 우릴 도와주고 있어.'

체 게바라는 게릴라 부대를 지휘하면서도 취침 시간을 줄여 낡은 타자기로 신문을 만들었다. 그가 만든 신문 〈자유로운 쿠바인〉은 수도 아바나를 비롯한 쿠바 곳곳에 뿌려졌고, 많은 민중들이 혁명에 동의를 표했다.

체 게바라 게릴라 부대에 대한 소문이 나자 수많은 농부와 노동자들이 자발적으로 게릴라 부대원이 되겠다며 시에라 마에스트라 산악 지대로 찾아 들어왔다. 12명이던 대원의 수는 이때부터 급격히 늘어나기 시작했다.

1958년 2월에는 알토스 데 콘라도 산봉우리에 탑을 세우고 라니오 방송을 시작하였다. 혁명군의 영향력이 쿠바 전역으로 들불처럼 번져 나가게 된 것이다.

체 게바라는 혁명의 성공에는 군대의 힘도 중요하지만 그보다 더 중요한 요소가 민중의 힘이라는 점을 잘 알고 있었다.

"게릴라란 흔히 여겨지듯 소규모 전투나 강력한 군대에 대항하는 소수 과격파만을 얘기하지 않는다. 게릴라전이란 압제자에 대항하는 전체 민중의 싸움이다. 게릴라는 민중 군대의 전위에 지나지 않는다. 작게는 어느 한 지역, 크게는 어느 나라에 사는 모든 주민들이 형성한 군대의 주력이 게릴라다. 제 아무리 심한 탄압 아래에서도 소멸되지 않고 언젠가는 이기게 되어 있는 게릴라의 힘도 여기서 나온다. 일반 민중이야말로 게릴라전의 바탕이자 본질이다."

- 장 코르미에, 『체 게바라 평전』, 실천문학사, 2000

체 게바라는 군사 학교를 세우고 이곳에서 위와 같은 말로 게릴라의 의미를 정의했다. 그의 말은 예언처럼 적중했다.

1958년 8월 21일 피델 카스트로*를 총사령관으로 혁명군의 진격이 시작되었다. 체 게바라가 이끄는 제8대대는 8월 31일 쿠바의 동쪽 끝 시에라마에스트라를 출발하여 서쪽으로 진격해 나갔다. 체 게바라 부대는 거침이 없었다. 혁명이 시작된 것이다.

10월 12일 새벽 라스비야스 입성
10월 13일 자자 강을 건넘
10월 16일 에스캄브라이 산에 도착

그들의 험난한 행군이 계속될수록

게릴라에 자원하려는 사람들이 모여들었다.

정부군은 당황하기 시작했다.

여기저기서 민간인들의 봉기가 이어졌다.

민중의 힘을 강조했던

체 게바라의 말이 실현되고 있었다.

혁명군이 총 한 방 쏘지 않았는데도

정부군들이 총을 버리고 투항하기 시작했다.

그들도 마음속으로

혁명군을 지지하고 있었던 것이다.

체 게바라가 이끄는 제8대대가

쿠바의 서쪽에 위치한

산타클라라에 당도했을 때

혁명군의 수는 10배로 늘어났다.

피델 카스트로 쿠바 정치가 · 혁명가. 체 게바라와 함께 쿠바 혁명을 총지휘하였으며 쿠바 혁명에 성공한 후 1959년 총리에 취임하고 1976년 국가평의회 의장직에 올랐다.

1959년 1월 1일, 역사적인 쿠바 혁명이 성취되었다. 독재자 바티스타*가 도미니카로 달아나고 체 게바라의 친구 카밀로가 이끄는 부대가 쿠바의 수도 아바나로 진격하여 바티스타 사령부를 장악했다. 혁명에 성공한 후 게바라는 산업부장관에 임명된다.

1964년 체 게바라는 32세의 젊은 나이로
뉴욕에서 열리는 유엔 총회에서 다음과 같은 연설을 한다.

"나는 쿠바 인이자 아르헨티나 인입니다. 여기 계시는 친애하는 라틴 아메리카의 대표분들이 어떻게 여길지 모르겠지만, 감히 얘기하건대 나는 라틴 아메리카를 사랑하는 애국자입니다. 따라서 때가 오면 나는 라틴 아메리카 어느 국가의 자유를 위해서라도 내 목숨을 기꺼이 바칠 것입니다. 어느 누구에게도 아무것도 요구하지 않고, 누구도 착취하지 않고, 어떤 대가도 요구하지 않고……."

- 체 게바라, 『체 게바라 자서전』, 황매, 2004

이 연설은 체 게바라 자신의 미래를 암시하는 것이기도 했다. 이어 1965년 제2차 아프리카·아시아 세미나 연설에서 약소국에 대한 혁명 지원을 머뭇거리는 소련을 강한 어조로 비판한다. 이 역시 체 게바라의 다음 계획과 관련된 것이었다.

혁명 성공 이후 그에겐
고위 직함이 주어졌다.

산업부 장관!
재무부 장관!!
국립은행 총재!!!

그러나 1965년 4월,
체 게바라는 모든 공직에서 사임한다.
그리고 아무도 모르게 짐을 꾸렸다.

"내 가슴은 여전히 민중에 대한 사랑과
혁명을 향한 열정이 불타고 있다네.
내가 있어야 할 곳은 편안한 사무실이 아니라
혁명을 원하는 민중들의 곁이라네."

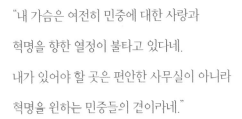

바티스타(1901~1997) 하바나 출신. 32세에 군사 쿠데타를 일
으켜 대통령이 되었다. 장군이 더 좋다며 4년 만에 대통령직
을 사임했으나, 1939년에 출마하여 다시 대통령이 된다. 1946
년에 재선되었으나 2년 만에 다시 사퇴한다. 1952년에는 다시
군사 쿠데타를 일으켜 대통령이 되었으나, 1959년 카스트로
에게 쫓겨났다가 97세를 일기로 죽었다.

게바라는 아무 연고도 없는

아프리카 콩고를 향해 홀연히 떠난다.

그는 천성적으로 정치인이라기보다는 혁명가였다.

그의 가슴은

여전히 민중에 대한 사랑과 열정으로 끓어 넘치고 있었다.

37세의 혈기 왕성한 나이로 편안히 집무실에 앉아 있기에

그의 열정은 너무도 강렬했다.

혁명가 체 게바라는

콩고에서 진행 중인 해방 운동을 지원하기 위해

다시 게릴라의 길을 선택한 것이다. 그러나

콩고에서의 활동에 차질이 생겨 혁명은 성공하지 못한다.

12월 다시 쿠바로 돌아온 체 게바라는

볼리비아에서의 새로운 게릴라전을 준비한다.

'라틴 아메리카 어느 국가의 자유를 위해서라도

내 목숨을 기꺼이 바치겠다.'는 약속을 지키기 위해서였다.

체 게바라는 쿠바를 떠나기로 결심을 굳히고

세 통의 편지를 남긴다.

하나는 부모님께 보내는 작별의 편지이고,

또 한 통은 쿠바 혁명의 동지였던

쿠바의 국가원수 피델 카스트로에게 전하는 편지였다.

마지막 편지는 사랑하는 자녀들에게 남기는 당부를 담았다.

부모님께

사랑하는 두 분.

다시 한 번 나의 로시난테에 박차를 가해야 할 때가 온 것을 느낍니다.

방패를 챙겨 들고 저는 다시 길을 떠납니다.

부모님께 작별의 편지를 썼던 것이 어느덧 십 년이 지났군요. ……

어쩌면 이번이 마지막일 수도 있을 겁니다. 그렇지 않길 기대하지만 만

약 그렇게 된다면 저는 두 분께 마지막으로 포옹을 보내는 셈이지요.

생각해 보면 두 분을 너무너무 사랑하면서도 그 마음을 제대로 표현하

지 못했습니다. ……

가끔은 이 20세기의 난폭한 모험가인 이 못난 아들을 기억해 주시겠지

요. 셀리아와 로베르토, 후안 마르틴과 파토틴, 그리고 베아트리스 이

모에게 키스를 보냅니다. 모두 사랑합니다.

— 방자하고 고집 센 아들, 에르네스토

친애하는 나의 친구, 피델 카스트로

이 순간 나에게는 많은 생각이 떠오릅니다. 마리아 안토니아의 집에서의 첫 대면, 당신과 함께 오자는 제의, 그리고 혁명을 준비하는 과정에서 수반되는 그 모든 긴장들.

언제인가 누군가 우리에게 이렇게 물었지요. 죽어야 할 순간이 오지 않겠냐고, 승리로 오는 길목에서 많은 동지들이 그렇게 쓰러져 갔습니다.

......

나는 쿠바 혁명에서 내가 할 바의 몫을 수행했다고 여기며 어느덧 내 자신의 일부가 되어 버린 당신과 동지들, 그리고 쿠바 국민들에게 작별을 고합니다.

......

이 세계는 다른 땅에서 미약하나마 나의 헌신을 요구하고 있습니다. 당신이 쿠바의 수반으로서 지고 있는 책임 때문에 할 수 없는 일을 나는 할 수 있습니다. 이제 우리가 작별하여야 할 시간이 온 것입니다.

......

승리를 쟁취하는 날까지, 영원히 전진!

조국이 아니면 죽음을!

나의 모든 혁명적 열정을 다하여 당신을 포옹합니다.

— 체 게바라

사랑하는 나의 아이들

일디타, 알레이디타, 카밀로, 셀리아 그리고 에르네스토에게.

너희들이 이 편지를 읽게 될 즈음엔 나는 더 이상 너희들과 함께 있지 못할 게다. 너희들은 더 이상 나를 기억하지 못할 거고 나를 잊어버릴지도 모른다.

너희들의 아빠는 자신의 생각대로 행동했으며 자신의 신념에 충실했던 사람이었다.

아빠는 너희들이 훌륭한 혁명가로 자라기를 바란다.……

특히 이 세계 어디선가 누군가에게 행해질 모든 불의를 깨달을 수 있는 능력을 키웠으면 좋겠구나. 누구보다도 너희들 자신에 대해 가장 깊이. 그것이야말로 혁명가가 가져야 할 가장 아름다운 자질이란다.

늘 너희들을 다시 보길 바라고 있으마. 아주 커다랗고 힘찬 키스를 보낸다.

— 아빠가

- 장 코르미에,『체 게바라 평전』, 실천문학사, 2000

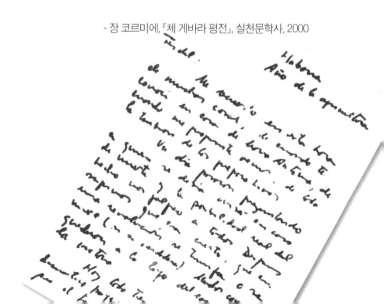

1966년 11월, 체 게바라는 특유의 긴 머리를 짧게 자르고 어울리지 않는 늙은 회사원의 복장으로 변장한 채 볼리비아에 도착한다. 라틴 아메리카의 해방을 위해 볼리비아에서 게릴라를 위한 훈련 기지를 세우는 것이 이번 작전의 목적이었다. 하지만 볼리비아 혁명 조직은 그를 지원하지 않았다. 하지만 체 게바라는 소수의 대원만을 이끌고 게릴라 활동을 감행한다.

1967년, 아무런 지원도 기대할 수 없었던 체 게바라의 볼리비아 원정대는 안데스의 험준한 산속으로 후퇴할 수밖에 없었다.

9월 26일 체 게바라 부대는 볼리비아 정부군에 포위되고 만다. 정부군에 끝까지 맞서던 그와 17명의 동료들은 10월 7일 정부군의 매복 공격에 당하고 체 게바라는 총상을 입은 채 생포된다. 그의 나이 38세였다.

체 게바라의 죽음은 라디오 뉴스를 타고 볼리비아는 물론 라틴 아메리카를 비롯한 세계 전역으로 전해졌다. 소식을 전해 들은 볼리비아 민중들은 도시로 몰려나왔다. 체 게바라의 시신이 안치된 세뇨르말타 병원 주변은 그의 죽음을 안타까워 하는 민중들로 인산인해를 이루었다.

1997년,

그가 죽은 후 30년……

볼리비아에서 발견된 그의 유해가 쿠바로 송환되었다.

그의 유해는 그가 쿠바 혁명을 완수했던

산타클라라에 안장되었다.

만일 당신이 이 세상에서
불의가 저질리질 때마다
분노로 떨 수 있다면
우리는 동지입니다.

그의 사랑과 열정은

여전히 라틴 아메리카 민중들의 가슴에 남아 숨 쉬고 있다.

한까칠 청소년 기자의 가상 인터뷰

사랑하는 사람의 고통을 함께 나누어야

한까칠 인터뷰를 위해 정글 탐험을 하기는 처음입니다.

게바라 죄송합니다. 제가 혁명가로 살다 보니 어쩔 수 없이 이런 험한 곳으로 오시게 했습니다. 그래도 이곳은 아무런 간섭과 억압도 없는 자유로운 곳입니다.

한까칠 그렇긴 합니다만 게바라님은 이미 혁명에 성공하였고 또 장관으로 임명되시기까지 했는데, 굳이 또 이런 고생을 하시는 이유가 뭡니까?

게바라 저는 혁명가입니다. 혁명가는 권력이나 명예보다는 현실의 모순을 바꾸는 데서 보람을 얻기 때문입니다.

한까칠 게바라님은 혁명가 이전에 의사이기도 했습니다. 의사로서 활동하고 싶은 생각은 없으셨는지요?

게바라 의사의 사명과 혁명가의 사명은 근본적으로 다르지 않다고 생각합니다. 의사는 환자들의 생명을 구하는 고귀한 사명을 가진 사람입니다. 혁명가 역시 사람들을 억압으로부터 구하는 사람입니다. 제가 활동하던 당시에 라틴 아메리카의 민중들은 독재 권력의 억압과 다국적 기업의 횡포 때문에 숨조차 마음대로 쉴 수 없는 지경이었습니다. 저는 혁명이야 말로 이러한 민중들을 구하는 유일한 길이라고 생각했습니다.

한까칠   게바라님께서는 부당한 권력에 대항하는 방법으로 총을 들고 직접 싸우는 길을 택했습니다. 그러나 폭력적인 방법을 썼다는 점에서 비판을 받기도 합니다.

게바라   정말 까칠한 질문이군요. 저도 폭력보다는 비폭력이 더 이상적인 방법이라고 생각합니다. 그러나 폭력투쟁과 비폭력투쟁을 당시에 처한 상황을 고려하지 않고 그대로 비교하는 것은 옳지 않습니다. 당시 독재 권력은 살인과 학살을 자행하는 등 직접적인 폭력을 행사했으니까요. 한국의 경우에도 안중근 의사나 윤봉길 의사처럼 일제 식민지에 맞서 폭력적인 방법으로 독립운동을 한 분들이 있는 것으로 알고 있습니다.

한까칠   게바라님은 지금도 훌륭한 지도자로 많은 사람들에게 사랑과 존경을 받고 있습니다. 그 비결은 무엇입니까?

게바라   굳이 비결이 있다면, 그것은 주변 사람들에 대한 사랑 그리고 고통받는 사람들을 위한 열정입니다. 누군가를 사랑하면 그들의 고통이 곧 나 자신의 고통이 됩니다. 저는 사랑하는 사람들의 고통을 함께 나누고 함께 싸워 나가려고 했을 뿐입니다.

체 게바라 연표

1920

1928 아르헨티나에서 출생
1930 아르헨티나 군사 쿠데타 발발

1926 6·10 만세운동

1930

1932 윤봉길 의사 의거,
이봉창 의사 의거
1936 스페인 내전 발발

1940

1943 중학교 입학, 알베르토를 만남
1947 부에노스아이레스, 의과 대학
입학

1941 일본 진주만 공습
1943 카이로 선언
1945 8·15 해방
1945 제2차 세계 대전 종전
1950 6·25 전쟁 발발
1950 중국의 티베트 침공

1950

1951 1차 라틴 아메리카 여행
1953 의사 시험 합격, 1차 라틴 아메
리카 여행
1954 혁명을 위한 여정 시작
1956 멕시코에서 군사훈련, 멕시코
군에 체포, 쿠바 혁명을 위한 출정
1958 쿠바 수도 아바나를 향해 진격
1959 쿠바 혁명 성공, 산업부 장관

1953 6 · 25 전쟁 휴전
1953 한미 상호 방위조약
1956 2차 중동전쟁 발발
1958 진보당 사건
1958 미국 항공우주국(NASA) 설립
1959 드골 프랑스 대통령 취임
1960 4 · 19 혁명

1960

1965 장관직을 버리고 아프리카 콩고
로 떠남
1966 볼리비아 혁명을 위해 출정
1967 볼리비아 정글에서 체포, 볼리
비아 정부군에 의해 처형

1961 5 · 16 군사 쿠데타
1961 존 F. 케네디 미국 대통령 취임
1963 케네디 암살
1966 중국 문화대혁명
1967 3차 중동전쟁 발발

살바도르
아옌데

국민과의 약속을 지키기 위해
목숨을 던진 칠레 대통령

"의사가 되려 했던 이유는
고통받는 민중을 위해 살겠다는
나 자신과의 약속 때문이었습니다.
하지만 그 약속을 지키기 위해
나는 의사의 길을 포기했습니다."

1970년 9월 11일 새벽,

대통령궁이 포위되었다.

쿠데타군은 탱크와 장갑차를 동원하여

모네다 대통령궁을 에워쌌다.

외적으로부터 국가와 국민을 지켜야 할 군대,

대통령의 명령을 받아야 할 군대였다.

그러나 쿠데타군은 자신의 상관에게

총부리를 겨누고 포위망을 좁혀 왔다.

더 이상 그들은 국가와 국민의 군대가 아니었다.

대통령 경호의 임무를 맡았던

경비 부대와 경찰 병력 대부분은

쿠데타 세력에게 동조하여 임무를 저버린 채

대통령궁을 떠난 뒤였다.

불행 중 다행히도 대통령은 대통령궁 밖에 있었다.

국민들이 직접 뽑은 대통령!
노동자와 농민 등 힘없는 서민들의
친구가 되고자 했던,
칠레 대통령 살바도르 아옌데!

하지만 돈과 권력을 가진 세력들은 그를 좋아하지 않았다.

1970년 야권 단일 후보로 대통령에 당선된 아옌데는
과감한 개혁 정책을 연달아 실시했다.
광산과 은행의 국유화, 어린이에 대한 무료 우유 배급,
토지 개혁과 재분배 등
개혁 정책은 가난에 고통받고 있는
민중들을 위한 것이었다.
그러나 대지주, 자본가 그리고 칠레에 진출하여
엄청난 이익을 챙기고 있던 다국적 기업들에게
아옌데의 정책이 위협적일 수밖에 없었다.

또한 세계 제일의 강대국인 미국은
사회당 출신의 아옌데를 노골적으로 싫어했다.

오전 6시 20분, 아옌데 대통령은
대통령 사저에서 군사 쿠데타가 일어났다는 전화 보고를 받았다.

"군대가 쿠데타를 일으켰습니다."
"우선 피하셔야 합니다."

그는 경호 요원들을 불러 모은 후, 단호하게 말했다.

"나는 공화국의 대통령으로서 인민연합 정부를 지키기 위해
대통령궁으로 가겠소."

쿠데타 군이 탱크를 몰고 쳐들어오고 있는 상황에서 대통령궁
으로 들어간다는 것은 죽음을 의미하는 것이었다. 하지만 아옌
데 대통령의 결정 앞에서 그 누구도 더 이상 '위험하니 피하셔
야 합니다.' 라는 말을 꺼내지 못했다.

그에겐 자신의 목숨보다 더 소중한 것이 있었다.
목숨보다 더 소중한 것,
목숨을 버리더라도 꼭 지켜야만 했던 것.
그것은 약속이었다.

자기 스스로에게 했던 **약속!**
자신을 믿고 있는 친구들에게 했던 **약속!!**
그를 대통령으로 뽑아 준 칠레 민중들에게 했던 **약속!!!**

1973년 9월 11일, 이날은 대통령 재신임 투표 결과 발표가
예정되어 있었다. 아옌데는 칠레 국민 대다수의 지지를
얻고 있었으므로 재신임 투표에서도 승리는 예정되어
있는 것이나 다름없었다. 미국 CIA와 피노체트가 이끄는
쿠데타 세력이 이날을 택한 이유도 그 때문이었는지 모른다.

"더 이상 지체하면 대통령궁으로 통하는 길이 차단될 것이오.
지금 바로 출발해야겠소."

아옌데 대통령이 앞장섰다.

"나는 칠레 국민들이 뽑아 준 대통령이오.
내가 있어야 할 곳은 바로 대통령궁이오."

아옌데 대통령은 평소처럼 대통령궁 자신의 집무실로 향했다.
그 또한 **약속의 실천**이었다.

아옌데는 칠레의 중상류 집안에서 태어나
비교적 부유한 어린 시절을 보냈다.
변호사였던 아버지의 영향으로 정치와 사회에 관심을 두었던
그는 16살에 중등학교를 마치고 곧바로 군에 입대한다.

군인이 되기에는 아직 어린 나이…….
하지만 그에게 군 입대는
칠레 국민으로서 지켜야 할 약속이었다.

군에서 제대한 그는 의과 대학에 입학한다.
가난 때문에 치료를 받지 못하는 수많은 민중들을
돕고자 했던 그였다.
하지만 의사 한 사람의 노력으로는
민중들의 비참한 삶을 바꿀 수 없다는 사실을 깨닫는다.

"의사가 되려 했던 이유는 고통받는 민중을 위해 살겠다는
나 자신과의 약속 때문이었습니다.
하지만 **그 약속을 지키기 위해**
나는 의사의 길을 포기했습니다."

의사로서의 편안한 삶을 버리고 민중 속으로 뛰어든 그는
사회 개혁 운동에 나선다.

엄청난 **빈부격차**, 가난한 민중들의 **비참한 생활**
반면
엄청난 이익을 **독점**하는 **다국적 기업**, 거대한 농장을 소유한
지주들의 **횡포**……
그것이 칠레의 현실이었다.

아옌데는 조국 칠레의 열악한 현실을 바꾸기 위해
사회 운동과 정치 개혁을 추구해 나갔다.
뜻이 맞는 사람들과 협력하고 민중들의 지지를 호소하였다.
칠레 민중들이 아옌데를 지지하기 시작했다.
하지만 그를 반대하는 대지주와 다국적 기업 그리고 군부는
아옌데를 노골적으로 배척하기 시작했다.

칠레의 고위 군 간부들은 민주주의를 원치 않았다.

군부를 장악하고 있던 고위 간부들 대부분은 상류층이었고,
그들은 서민들의 어려운 삶에는 관심이 없었다. 오히려
미국의 지원을 이용하여 부를 축적하고 권력을 강화하는 데
혈안이 되어 있었다.

1970년 대통령 선거에서 아옌데의 승리가 예상되자
이들은 아옌데를 반대하는 정치 세력과 손잡고
헌법 개정을 추진한다.

당시 칠레 의회에 제출된 헌법 개정안은 정당, 교육 기관과 언
론 그리고 경찰과 군부에 대해 대통령의 개입을 철저히 제한
하는 내용을 담고 있었다. 아옌데가 선거에서 승리할 것을 대
비하여 미리 대통령이 군과 경찰에 대한 실질적인 임명 권한을
가질 수 없도록 헌법까지 바꿔 버린 것이다.

**대지주와 대기업은
개혁 정책을 싫어했다.**

아엔데가 대통령으로 취임했을 당시 칠레의 경제 상황은 매우 어려웠다. 소수의 대지주와 기업가들은 부를 독점하고 있었고, 미국 등 선진국에 본사를 둔 세계적인 다국적 기업들은 칠레의 천연자원과 노동자들의 저임금을 통해 엄청난 부를 축적하고 있었다. 그러나 노동자와 서민들은 생계를 유지하기 어려울 정도로 **경제 양극화가 심화**되어 민중들은 고단한 삶에 지쳐가고 있었다.

아엔데는 대통령에 취임한 후 가장 먼저 서민들의 어려운 삶을 개선하는 데 경제 정책의 초점을 맞추었다.

이때부터 대지주와 자본가 그리고 다국적 기업들은 미국과 손잡고 아엔데 정부의 경제 개혁 정책을 무력화시키고 궁극적으로 아엔데 정권을 무너뜨리기 위한 전략에 돌입한다. 1971년 스위스의 대표적인 다국적 기업 **네슬레**는 영양실조에 시달리는 어린이를 위해 분유를 사겠다는 아엔데 정부의 요구를 거부하였다. 1972년에는 칠레 경제에 엄청난 타격을 준 **대규모 파업 사태**가 벌어졌다. 일반적으로 파업은 노동자들이 자본가를 상대로 벌이는 것이지만 칠레의 경우는 정반대였다. 기업의 경영자 및 전문직 종사자들이 파업을 주도한 것이다.

결국 아옌데 정부 출범 직후 안정을 찾아가던 칠레 경제는 1972년에 들어와 침체의 나락으로 떨어지게 된다. **인플레이션은 140%로 치솟고 GDP는 마이너스 성장을 기록하였으며 외환 보유고는 바닥을 드러냈다.**

아옌데 정권을 무너뜨리기 위한 대지주와 자본가 다국적 기업들의 전략이 성공한 셈이다. 그럼에도 불구하고 칠레의 민중들은 아옌데 대통령에 대한 지지를 거두지 않았다.

대부분의 국민들이 아옌데를 지지했지만
반대 세력들은 아옌데를 몰아낼 계획을 세우기 시작했다.
소수에 불과한 반대 세력은 실질적인 힘을 갖고 있었다.
다국적 기업과 **대지주**는 돈과 토지를 독점하고 있었고,
군부는 총칼을 장악하고 있었다.

어쩌면
1973년 9월 11일의
군사 쿠데타는
예정되어 있던 일인지도 모른다.

아엔데 대통령이 대통령궁에 도착했다.

그 소식을 알기라도 한듯

쿠데타군의 포위망이 더욱 좁혀 왔다.

탱크는 물론 중무장한 전투기까지 저공비행하며

대통령궁을 위협하기 시작했다.

아엔데 대통령은 그 순간 국민들을 생각했다.

아엔데 대통령은 라디오 생방송 연설을 위해 마이크 앞에 앉았다. 다른 방송국은 이미 쿠데타 세력에게 넘어간 뒤였다. 유일하게 남은 국영 방송 '라디오 마가야네스'의 전파를 타고 아엔데 대통령의 목소리가 퍼져 나갔다. **그것이 그의 마지막 연설이었다.**

조국이 그토록 소중히 생각하는 원칙을 지키기 위해 기꺼이 제 목숨을 내놓겠습니다. 자기들에게 부여된 사명을 내팽개친 세력, 약속을 저버린 세력, 군의 원칙을 깨뜨린 세력에게 남은 건 치욕뿐입니다.

깨어 있어야 합니다. 경계를 늦추지 마십시오. 절대 가벼이 움직이면 안 됩니다. 학살은 피해야 합니다. 존엄하고, 보다 나은 삶을 여러분 스스로의 노력으로 만들어 나갈 수 있는 권리를 지켜 내야 합니다.

아옌데 대통령의 음성이 전파를 타고 흘러 나오자 칠레 국민들은 일손을 놓고 라디오에 귀를 기울였다.

동포 여러분, 쿠데타군이 라디오 방송을 끊어 버릴 수도 있습니다. 제가 여러분 곁을 떠나야 할 수도 있습니다. 지금도 전투기가 상공을 날아다니고 있습니다. 우리에게 총탄 세례를 퍼부을 수도 있습니다.

하지만 기억하십시오. 우리가 여기 있다는 사실을……

적어도 이 나라의 의무를 이행하기 위해 어떻게 행동해야 하는지를 알아야 하는 이들이 있다는 점을 말입니다. 저도 그렇게 하겠습니다. 국민이 부여한 대로, 제 양심이 시키는 대로 국민의 대통령으로서 존엄한 제 임무를 끝까지 수행해 나가겠습니다.

방송이 잠시 끊겼다.
쿠데타군이 방송 송신탑에 폭격을 가했다.

어쩌면 이게 여러분께 전하는 마지막 연설이 될지도 모르겠습니다. 이미 공군이 '라디오 포스탈레스'와 '라디오 포르포라시' 방송의 송신탑을 폭격하기 시작했습니다. 슬프다기보다는 저들의 기만에 분노를 느낍니다. …… 제가 국민 여러분께 드릴 말씀은 단 하나뿐입니다.

저는 절대 사임하지 않을 것입니다!

저는 확신합니다. 오늘 우리가 수많은 칠레 국민들의 고귀한 의식 속에 뿌린 씨앗은 결코 영원히 묻혀 있지만은 않을 것입니다.

방송은 여러 번 끊기고, 요란한 폭격 소리에 대통령 목소리가 묻혔다. 그러나 사람들은 알아들을 수 있었다. 자신들의 손으로 뽑은 대통령이 국민들에게 무슨 이야기를 하고 있는지……

쿠데타군이 무력을 장악했으니 우리를 박살낼 수도 있을 것입니다. **하지만 사회적 진보를 막을 수는 없습니다.** 범죄와 무력으로도 결코 막을 수 없습니다. **역사는 우리 편이며 인민이 역사를 만들어 나갈 것입니다. 칠레 만세! 국민 만세! 노동자 만세! 이게 제가 남기는 마지막 말입니다.** 저는 제 죽음이 헛되지 않을 것임을 확신합니다. 최소한 제 죽음이 범죄자와 비겁자, 반역자는 처벌받아야 한다는 도덕적 교훈이 될 것이라 확신합니다.

마지막이었다. 칠레 국민들은 더 이상 아옌데 대통령의 목소리를 들을 수 없었다.

대통령의 마지막 연설이 전파를 타던 같은 시간,

칠레의 역사는 또 한 사람을 기억한다.

아옌데의 열렬한 지지자이자 친구!

칠레의 국민가수
빅토르 하라!

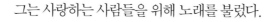

그는 노래를 사랑했고,

조국 칠레 사랑했고,

칠레 민중들을 사랑했다.

그리고 아옌데를 사랑했다.

그는 사랑하는 사람들을 위해 노래를 불렀다.

1973년 9월 11일,

쿠데타군이 대통령궁을 공격하던 날,

가수 빅토르는 공연을 위해 집을 나섰다.

그가 공연장에 도착했을 때

이미 쿠데타 군대가 사람들을 무차별로 체포하고 있었다.

빅토르도 예외일 수 없었다.

"무슨 일이오? 난 가수요.
노래를 부르러 왔단 말이오."

군인들의 곤봉이 날아들었다.
군인들은 빅토르를 비롯하여 공연을 보러 온 수많은 사람들을
강제로 차에 태우고 어디론가 끌고 갔다.

그들이 도착한 곳은 종합운동장.
종합운동장에는 축구 경기에 열광하는 관중들의 함성 소리 대
신 총칼과 무자비한 군홧발에 짓밟힌 민중들의 신음과 비명이
넘쳐 나고 있었다.

"어라! 너 빨갱이 가수?"

빅토르를 알아본 군인들이 그를 고문실로 끌고 갔다.
잠시 후 빅토르는 온몸에 피멍이 든 채
사람들 사이에 던져졌다.
공포의 현장, 빅토르는 스스로에게 질문을 던졌다.

'공포의 노래를 부를 수밖에 없을 때,
노래는 얼마나 괴로운 일인가!
살아 있어 느끼는 공포, 죽어 가며 느끼는 공포……
너무나 많은 순간 속 나를 본다.
저 무한의 순간 침묵과 비명이
내 노래의 끝이다.'

잡혀 온 사람들은 공포에 떨고 있었다.
빅토르는 어떤 상황이 벌어지고 있는지 직감했다.
아옌데 대통령의 개혁 정책을 싫어하던 세력들이
군대를 이용해 쿠데타를 일으켰다는 사실을……

빅토르는 조용히 노래를 부르기 시작했다.

내가 노래하는 건 노래를 좋아하거나
좋은 목소리를 갖고 있어서가 아니지
기타도 감정과 이성을 갖고 있기에
난 노래 부르네
내 기타는 돈 많은 자들의 기타도 아니고
그것과는 하나도 닮지 않았지

내 노래는 저 별에 닿는

발판이 되고 싶어

의미를 지닌 노래는

고동치는 핏줄 속에 흐르지

노래 부르며 죽기로 한 사람의

참된 진실들

내 노래에는 덧없는 칭찬이나

국제적인 명성이 필요 없어

내 노래는 한 마리 종달새의 노래

이 땅 저 깊은 곳에서 들려오지

여기 모든 것이 스러지고

모든 것들이 시작되네

용감했던 노래는

언제나 새로운 노래일 것이네

— 선언 Manifesto

함께 끌려온 사람들도 조금씩
그의 노래를 따라 부르기 시작했다.
목소리들이 모여들었다.
목소리는 점점 커져 갔다.

사람들은 그의 노래를 따라 부르며
공포를 견뎌 내고 있었다.

군인들은 빅토르의 노래가 두려웠다.
그를 잔인하게 죽여야 할 만큼.
쿠데타군이 빅토르에게 총구를 들이밀었다.

그는 여전히 노래를 불렀다.

총알이 빅토르의 가슴을 관통했다.

숨이 끊어지는 순간까지
그는 노래를 불렀다.

대통령 아옌데가 총탄에 죽어 가던 바로 그 시각이었다.

그의 시신은 트럭 짐칸에 실려 밖으로 내던져졌다.

며칠 뒤, 빅토르의 아내 조안 하라는 시체 보관소를 뒤져
사랑하는 남편 빅토르의 주검을 거두었다.

**오전 8시 15분경,
쿠데타군은 최후통첩을 보내왔다.**

'항복하고 대통령직에서 스스로 물러난다면
가족과 함께 국외로 떠날 수 있도록 비행기를 제공하겠다.'

훗날 아옌데 대통령의 딸 베아트리스는 당시의 상황을 다음과
같이 증언하였다.

"대통령이 한시라도 망설이는 표정을 나는 보지 못했습니다. 쿠데타
세력의 제안을 전해 들은 대통령은 '반역자들이 인간의 존엄성에 대해
뭘 알겠느냐.'고 불같이 화를 내며, 강한 어조로 그들의 제안을 거부했
습니다."

잠시 후 총성이 울리기 시작했다. 쿠데타군과 내통한 대통령궁
의 경비 경찰들이 총부리를 돌려 자신들이 경호해야 할 대통령
을 향해 총을 쏘기 시작한 것이다.

아옌데 대통령은 마지막 항전을 결심하고 남아 있는 경호 요원
과 각료들에게 전투 태세를 하달하였다.

"국민들 앞에서 약속했던
우리의 의무를 마지막까지 다합시다!"

아옌데 대통령은 AK-자동소총을 꺼내 총알을 장전했다. 이웃
나라의 국가 원수로부터 선물 받은 총이었다. 그 총을 사용하
게 되리라 생각한 이는 아무도 없었다.

전투기와 로켓을 동원한
쿠데타군의 본격적 공습이 임박해 오고 있었다.

아옌데 대통령은 자동소총과 헬멧으로 무장한 채
여성들과 비무장 동지들이 대피해 있는 지하실을 찾았다.

"저희도 대통령님과 함께 하겠어요."

"안 됩니다.
여러분들에게는 다른 임무가 있습니다.
대의를 위해 밖에서 해야 할 일이
더욱 중요합니다."

아옌데 대통령은 그들에게 대통령궁 밖으로 피신하도록 명령을 내렸다. 전투기 공습이 개시되기 직전 쿠데타군의 공격이 소강 상태에 접어든 틈을 이용하여 베아트리스를 비롯한 여성들과 비무장 인원들이 안전하게 피신할 수 있었다.

"공습이다!"

쿠데타군의 전면 공습이 시작되었다.
로켓이 건물 지붕을 뚫고
대통령궁 한가운데에서 폭발하였다.
전투기가 대통령궁 상공을 저공비행하며 포탄과 미사일을 퍼부어 댔다. 그에 비해 소총과 바주카포가 전부였던 대통령측은 탄약이 바닥날 때까지 죽음을 각오하며 응사하였다.

"이것이 우리가 역사의 첫 페이지를 기록하는 방식입니다. 칠레 국민과 아메리카 대륙의 민중들이 우리가 못다 쓴 나머지 역사를 써내려 갈 것입니다."

경호 요원들은
아옌데 대통령의 마지막 명령을 가슴에 새긴 채
쿠데타군에 맞서 싸웠다.
전세는 점점 기울어져 갔다.
쿠데타 군대가 대통령궁으로 들어오기 시작했다.
목숨을 걸고 저항했지만 탱크와 대포, 전투기까지 총동원한
쿠데타 군대를 상대로 대통령궁을 지키는 것은 무리였다.

오후 2시경,
흉탄 한 발이 아옌데 대통령의 복부로 날아들었다.
이어 **또 한 발의 총알**이 그의 가슴에 박혔다.

대통령 아옌데의 몸에서 흘러나온 피가 바닥을 물들이며 퍼져나갔다. 그의 손에는 여전히 AK-소총이 들려 있었다.
대통령궁을 장악하고 쿠데타에 성공한 피노체트 일당은
아옌데 대통령의 시신을 끝내 공개하지 않았다.

1973년 9월 13일, 쿠데타의 주동자인

아우구스토 피노체트는 스스로 대통령 자리에 오른다.

그것은 **폭압적인 군사 독재의 시작**을 의미했다.

독재자 피노체트는 **살인마**였다.

쿠데타 직후 일주일 동안 **3만**여 명 **살해!**

독재자 피노체트가 집권한 17년 동안

3천여 명 **사망!**

1천여 명 **실종!!**

10만여 명 **고문 후유증 장애!!!**

100만여 명 **국외 추방!!!!**

칠레는 끝이 보이지 않는 지옥의 동굴이 되어 버렸다.

영원히 끝나지 않을 것만 같았던 피노체트의 독재 권력……

살인 · 고문 · 추방!!!

아옌데 대통령의 죽음과 관련하여서는 총격에 의한 사망인지 자살인지에 대한 논란
이 있다. 1973년 당시 칠레군 법의학팀은 사살됐다는 결론을 냈으나, 2011년 칠레 법
원의 결정에 의해 실시된 부검 결과에서는 최후의 순간 자살한 것으로 결론을 내렸
다. 그러나 최종 사망 원인이 타살이든 자살이든, 쿠데타 세력에 맞서 최후의 순간까
지 저항한 사실에는 변함이 없다.

하지만 민중들의 마음속에는

아옌데 대통령의 마지막 목소리가 여전히 울려 퍼지고 있었다.

기억하십시오.
우리가 여기 있다는 사실을……
역사는 우리 편이며,
민중이 역사를 만들어 나갈 것입니다.

지옥의 시간 15년이 지난

1988년 10월,

독재자 피노체트의 집권 연장에 대한 찬반을 묻는

국민투표가 치러진다. 칠레의 국민들은

피노체트의 독재를 거부하고

민주정부를 선택한다.

저는 확신합니다.
오늘 우리가 수많은 칠레 인민들의 고귀한
의식 속에 뿌린 씨앗은 결코 영원히 묻혀
있지만은 않을 것입니다.

칠레 국민들은 아옌데 대통령의 마지막 연설을
기억하고 있었다.
민주주의를 지키기 위해 쿠데타 세력에 죽음으로 맞섰던
그의 의지가 칠레 국민들의 가슴속에 **씨앗**이 되어
15년 만에 **민주주의의 꽃이 되어**
부활한 것이다.

사람들은
지금도
아옌데 대통령을
기억하고 있다.

1971년 노벨 문학상을 받은 칠레의 시인 파블로 네루다!
그는 자신의 동지이기도 했던 아옌데를 위해
한 편의 시를 바쳤다.

내 심장을 위해선 너의 가슴 하나면 족하고
너의 자유를 위해선 내 날개 하나면 족하다
네 영혼 위에 내가 잠들어 있다는 사실은
내 입으로부터 하늘까지 가 닿으리라

　　　　　　　　　　　　　　　　ㅡ「20가지 사랑의 시」중에서

쿠데타군에 의해 사랑하는 친구 아옌데가 참혹하게 살해되었
다는 소식을 전해들은 네루다는 충격에 빠졌다. 지병이 급격
히 악화되어 결국 1973년 9월 23일 친구의 곁으로 떠나갔다.

칠레의 대표적인 작가 아리엘 도르프만은 훗날

9·11 테러가 발생한 미국 뉴욕에서 다음과 같이 말했다.

세계인 모두는 자각해야 한다.

우리들 모두는 희생자의 유가족임을……

28년 전 칠레에서의 9·11도 그랬고,

28년이 지난 오늘

뉴욕의 9·11 테러 현장에서도 변함없이.

아리엘 도르프만은 지금도 여전히 희망을 버리지 않는다.

그리고 기원한다.

다시는 참혹한 9월 11일을 맞아 탄식하지 않기를……

살바도르 아옌데 대통령!

자신의 목숨을 버리면서

국민과의 약속을 지킨 진정한 지도자!

칠레의 민중들과 세계인은

그의 소중한 약속을

지금도 잊지 않는다.

한까칠 청소년 기자의 가상 인터뷰

민주주의는 저절로 이루어지지 않는다

아옌데 먼 길 오시느라 수고하셨습니다. 한까칠 기자.

한까칠 이곳이 바로 대통령께서 쿠데타군에 맞서 싸우시다 최후를 맞은 곳이군요.

아옌데 그렇습니다. 조금 섬뜩한 장소에서 인터뷰를 하게 되어서 죄송합니다.

한까칠 대통령님께서 목숨을 걸고 민주주의를 지키려 하셨던 뜻 깊은 장소이니만큼 오히려 영광입니다. 그런데 한 가지 궁금한 것이 있습니다. 쿠데타 군대가 쳐들어오는 상황에서 피신하시지 않고 대통령궁으로 들어오신 이유는 무엇입니까?

아옌데 대통령으로서 국민과의 약속을 지켜야 한다는 생각이었습니다. 제 목숨보다 그 약속이 더 소중했기 때문입니다. 제가 당당하게 죽는 것이 조국 칠레의 민주주의를 영원히 지키는 길이라고 생각했기 때문입니다.

한까칠 칠레의 역사와 한국의 역사는 비슷한 점이 많습니다. 한국도 두 차례나 군사 쿠데타가 있었습니다. 그런데 한국에서는 쿠데타가 일어났다는 소식을 듣고 국가 지도자들이 쿠데타를 막기는커녕 피신하느라 급급했습니다. 반면 아옌데 대통령은 직접 총을 들고 싸우셨다니 참 대단하십니다.

아옌데   한국에서도 쿠데타가 있었다는 것은 저도 잘 알고 있습니다. 비록 한국의 대통령이나 총리가 쿠데타에 맞서 직접 싸우지는 않았지만 많은 분들이 독재 정권에 저항하여 지금의 민주화를 이루었다는 것도 잘 알고 있습니다. 그러한 의미에서 한국과 칠레는 공통점을 가지고 있지요.

한까칠   그러한 의미에서 한국의 젊은이들에게 한 말씀 부탁드리겠습니다.

아옌데   저는 군사독재에 항거한 한국의 수많은 젊은이들을 존경합니다. 특히 5·18 광주 민주화 운동 당시 죽음이 임박해 오는 상황에서도 목숨을 걸고 계엄군에 맞섰던 분들을 생각하면 저절로 고개가 숙여집니다. 그분들 역시 쿠데타 군에 맞서 총을 들었던 저와 같은 심정이었을 것입니다. 그분들이 있었기에 한국은 지금의 민주주의를 이룰 수 있었습니다. 민주주의는 저절로 이루어지지 않습니다. 한국의 젊은이들이여! 기억하십시오. 민주주의를 지키기 위해 누군가 그곳에 있었다는 사실을…….

살바도르 아옌데 연표

1900

1908 칠레 팔파라이소에서 출생

1908 전명훈, 장인환 의사 스티븐슨
암살
1908 포드자동차 T자동차 생산 개시
1909 안중근 의사 의거
1909 간도협약 체결

1910

1914 제1차 세계 대전 발발
1919 3·1 운동

1920

1926 칠레대학교 의학부 입학

1926 6·10 만세운동
1926 장개석 총사령관 취임

1930

1937 하원의원 당선
1938 보건부 장관

1935 루스벨트 제2차 뉴딜 실시
1937 난징 대학살, 중일전쟁 발발
1938 조선어 교육 폐지,
신사 참배 거부운동

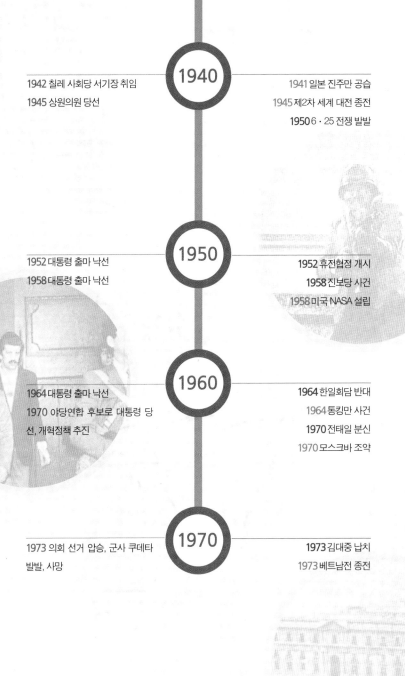

1942 칠레 사회당 서기장 취임
1945 상원의원 당선

1940

1941 일본 진주만 공습
1945 제2차 세계 대전 종전
1950 6 · 25 전쟁 발발

1952 대통령 출마 낙선
1958 대통령 출마 낙선

1950

1952 휴전협정 개시
1958 진보당 사건
1958 미국 NASA 설립

1964 대통령 출마 낙선
1970 야당연합 후보로 대통령 당선, 개혁정책 추진

1960

1964 한일회담 반대
1964 통킹만 사건
1970 전태일 분신
1970 모스크바 조약

1973 의회 선거 압승, 군사 쿠데타 발발, 사망

1970

1973 김대중 납치
1973 베트남전 종전

빌리
브란트

학살자를 대신하여
무릎을 꿇을 줄 아는 무한 책임의 리더

"무릎 꿇을 필요가 없는 그가,
무릎을 꿇으려 하지 않는
모든 사람들을 대신해서
무릎을 꿇었다."

1970년 12월 7일,

폴란드의 수도 바르샤바에 있는 유대 인 게토ghetto 위령탑 앞,

독일 연방 공화국의 수상首相이 차가운

콘크리트 바닥에 무릎을 꿇었다.

그의 이름은 **빌리 브란트**!

독일 연방 공화국서독*을 대표하는 수상이었다.

그가 무릎을 꿇은 이유는 무엇일까?

기도? 묵념?

그는 '**사죄**'하고 있었다.

제2차 세계 대전 당시 독일 나치 군대에 의해 학살당한 폴란드
시민에게 잘못을 빌고 있었다. 용서를 바라는 것이 아니라 가
해자들의 후손으로서, 독일인으로서, 망자가 된 폴란드의 넋들
에게, 그리고 이들의 유족과 후손들에게 자신의 나라가 저지른
죄를, 넋들 앞에 무릎을 꿇고 자신들의 죄를 빌고 있었다.

처음이었다.
가해국 수상이 피해국 국민들에게
무릎을 꿇어 사죄하는 일은 '처음'이었다.

더 놀라운 것은 '아무 말도 하지 않은 것'이었다. 과거의 일에 대하여 '깊은 사과의 뜻'이라든가 '유감'이든가 등의 말을 일체 꺼내지 않은 것이었다.
그는 '침묵'으로 3분간, 두 손을 모으고 무릎을 꿇고 있었다.

빌리 브란트는 자신의 회고록에서,
이 '바르샤바에서의 참배'에 대하여 이렇게 말했다.

"나는 독일 역사의 나락에서,
그리고 수백만 희생자의 짐 아래에서,
인간이 말이 소용없을 때 행하는 것을
했을 뿐이다."

제2차 세계 대전에서 패배한 독일은 연합군에 의해 자본주의 서독과 공산주의 동독 두 개로 분할된 분단 국가가 되었다. 서독과 동독은 서로 이념 갈등을 계속해 오다가 1989년 베를린 장벽이 붕괴된 다음해인 1990년에 통일을 이루어 지금에 이르고 있다.

당시, 이 장면을 목격한 어느 기자는 이렇게 전한다.

"무릎 꿇을 필요가 없는 그가,
무릎 꿇을 필요가 있는,
그렇지만 무릎을 꿇으려 하지 않는 모든 사람들을
대신해서 무릎을 꿇었다.
그들은 감히 무릎을 꿇으려 하지 않거나,
그렇게 할 수 없거나 엄두를 낼 수 없기 때문이다."

역사에 대한 무한 책임!

빌리 브란트가 무릎을 꿇고 용서를 빈 이유였다. 한 국가의 수
상으로서 국가가 저지른 잘못에 대해 역사 앞에서 무거운 책임
감을 절감했던 것이다.

빌리 브란트는 무릎을 꿇을 필요가 없는 사람이었다. 그는 히
틀러의 나치 정권이 저지른 만행과는 무관했을 뿐만 아니라 유대
인을 학살한 히틀러 정권에 저항한 사람이었다.

1936년, 하인리히 만이 이끄는 '반히틀러 독일국민전선'의 일원
으로 1945년, 전쟁이 끝날 때까지 줄곧 반나치 운동에 앞장섰던
사람이었다.

죄를 저지른 사람들이 역사의 책임을 회피하면 할수록

그는 반대로 더 큰 책임감을 느꼈다.

빌리 브란트는 독일을 대표하는 수상首相으로서,

전쟁의 참화를 몸으로 겪은 한 사람으로서,

나치의 잔혹한 학살을 목격했던 사람으로서,

희생자의 넋을 위로하고,

같은 인간으로서의 책임감을 강렬하게 느꼈던 것이리라.

그는 '모두를 위한 한 사람'이었다.

그의 진심 어린 사죄는 히틀러 나치 정권으로부터 희생당한 사
람들은 물론 평화를 염원하는 세계인의 마음을 뜨겁게 했다.

빌리 브란트는 1913년 독일에서 **사생아**로 태어났다. 그의 어머니 역시 사생아였다. 어머니 마르타는 생계를 이어가기 위해 일을 하느라 어린 아들을 돌볼 수 없었다. 부모의 보호와 돌봄을 받는 친구들을 바라보며 어린 빌리 브란트는 부러움과 외로움을 견뎌야 했다. 그가 기댈 곳은 없었다.

정체성의 혼란과 애정 결핍을 겪는 소년으로 성장해야 했던 빌리 브란트. 훗날 정치인이 되어 신문 기사에서 자신의 어린 시절을 다음과 같이 묘사했다.

"노동자 가정 출신의 이 소년은 기댈 곳을 찾으려 했다. 그 이유는 쉽게 설명된다. 부모에게서 기댈 곳을 발견할 수 없었기 때문이었다."

의지할 곳이 없었기에 그는 모든 일을 스스로의 힘으로 해내야 했다. 그의 **남다른 책임 의식**은 어린 시절의 경험으로 생겨난 것이기도 하다.

19세가 되자, 그는 '헤르베르트 에른스트 칼 프람'이라는 출생 신고서 상의 이름 대신 스스로를 '**빌리 브란트**Willy Brant'로 이름을 바꾸었다.

이름만 바꾼 것이 아니라
자신의 삶을 스스로 개척하겠다는 의지와 다짐이었다.

1930년대 중반 나치 정권 비밀경찰인 게슈타포의 감시와 구속을 피해 '노르웨이'로 망명해 있던 때에, 그는 "어떤 분석을 통해 유년기의 문제를 해결하려고 시도하기를 포기했다."고 말했다.

그는 그 누구의 도움도 없이 자신의 삶을 견뎌 내야 했다.
그는 이미 스스로를 책임지는 자신만의 방법과 길을 갖고 있었다.

그의 첫 번째 방법은 '**여행**'이었다.
그의 두 번째 방법은 '**글쓰기**'였다.

여행으로 미래를 보고, 글쓰기로 과거를 돌이켜 보았다.

그것은 현재의 불안과 고통과 좌절에서 빠져나올 수 있는 방법이었다. 그는 **팔십 평생 동안, 늘 여행했고 글을 썼다.**
이것으로 그는 살아남았고, 좌절을 견뎌 냈다.

책 속의 인물과 대화를 나누며 자신의 고단한 삶을 위로하고 가치관을 형성해 나갔다. 안데르센과 러시아의 막심 고리키의 작품에서 위로를 얻고, 레마르크의 『서부 전선 이상없다』와 토마스 만의 『마의 산』을 읽으며 자신의 미래를 설계해 나갔다.

"나를 이루는 것은 본질적으로 내 안에서 나왔다는 느낌 속에서 산다."

빌리 브란트의 청년기인 1910년대에서 1930년대까지
유럽 사회의 노동 계층에게는
근대 산업 사회의 노동 조건과 생활 여건에 대한 깊은 불만이
자리하고 있어, 늘 파업과 시위가 끊이지 않았다.
1931년, 그는 19세의 나이로
'독일 사회주의 노동자당'에 입당한다.

**그것은 자신에 대한 책임을 넘는
사회에 대한 책임감이었다.**

다음해 제국 의회 선거에서 히틀러가 이끄는 나치당은 37%를 득표하여 다수당이 되었고, 곧이어 히틀러는 독일 제국의 수상에 임명되었다. 많은 독일 국민들이 히틀러에게 열광했다.

그러나 히틀러의 등장이 엄청난 재앙이 될 것이라고는 아무도
생각하지 못했다. 이후 10년 동안, 히틀러와 나치당이 유럽 전
역을 넘어 세계 역사에 저지른 참혹한 만행을 아무도 예측하지
못했다.

청년 빌리 브란트는 줄곧 나치에 맞서 싸웠다.
그것은 스스로 약속했던 **사회에 대한 책임** 때문이었다.

독일에서의 정치 활동이 점점 어려워진 그는
노르웨이로 망명했다. 그리고 비밀 신분으로
독일에 잠입해서 남은 동지들을 규합하여
나치에 맞서 싸울 것을 선전하고
반反나치 운동을 조직하였다.

1936년 7월, 스페인.
프랑코 군대가 쿠데타를 일으켜 내전이 발생하였다.
히틀러 정권은 불법으로 쿠데타를 일으킨
프랑코 군대를 지원하였다.
히틀러의 명령을 받은 독일 공군이
스페인 시민들을 향해 무자비한 폭격을 가했다.

세계의 양심적 인사들은 분노했다.
스페인의 민주 시민들을 지원하기 위해 자발적인
다국적 군대인 **'국제여단'**이 결성되었다.
하지만 히틀러의 지원을 받은 프랑코가 결국 승리했다.
이후 프랑코는 독재자의 길을 걷게 된다.

노르웨이에 망명 중이던 그는 스페인 내전 발발 소식을 듣고
노르웨이 언론사들의 스페인 통신원 자격으로
바르셀로나로 향했다.
스페인은 비록 자신과 무관한 나라였지만
조국 독일이 만행을 저지르는 현장을 모른척 할 수 없었다.
그 또한 빌리 브란트가 지닌
무한한 책임감의 발로였다.

1939년 8월 23일,

소련의 지도자 스탈린은, 스스로 자신의 숙적이라고 선언했던 나치당의 히틀러와 함께 중립·불가침 조약의 비밀 협정에 서명한다. 소련의 사회주의를 막연하게 지지했던 유럽의 대다수 정치 세력은 커다란 배신감과 더불어 깊은 환멸에 빠졌다.

그러나 1939년 9월 1일, 나치 독일의 군대는 폴란드 서쪽을 침공하여 대 유럽 전쟁을 개시하였고, 16일 뒤, 소련의 적군 또한 폴란드 동쪽을 점령한 다음, 11월 30일에는 핀란드를 침공하였다. 분노에 찬 빌리 브란트는, 동료 정치가들을 향하여 말했다.

"이제 소련은 혁명세력에서 제외되어야 한다!"
"소련의 스탈린은 '히틀러 다음의 1급 범죄자'로 간주되어야 한다!"

그해 겨울, 노르웨이의 오슬로에서 출판한 소책자 『소련의 외교정책 1917~1939』에 그는 이렇게 썼다.

**"사회주의가 그 자신의 이름을 사용하기에
진정으로 정당한 정책을 펼치려면,
사회주의는 자유와 민주주의에 기반해야 한다!"**

이것은 '빌리 브란트'라는 이름과 현재까지 연관되어 있는,
이른바 '민주 사회주의'의 이념이 탄생되었음을 의미했다.
이 이념은 어떤 복잡한 이론이나 개념이 아니라,
간단하고 분명한 체험에서 우러나온 결론이었다.

빌리 브란트의 이 생각은,
이후 1959년의 '고데스베르크 강령'에서
더 명확한 한 문장으로 정리된다.

**"사회주의는 단지 민주주의를 통해서만 실현될 수
있으며, 민주주의는 사회주의를 통해서만 완성될
수 있다!"**

1945년 5월 8일, 독일이 무조건 항복을 선언했다.
1945년 8월 15일, 일본이 항복을 선언했다.
마침내, 제2차 세계 대전이 끝났다.

빌리 브란트는 취재 특파원으로서,
뉘른베르크에서 열리는 국제 군사법원의
주요 전범 재판에 참여했다.

재판은 실망스러웠다. 전쟁을 독일인 모두의 책임이라고 하면서 실제 전쟁 과정에서 수많은 범죄를 저지른 전쟁 범죄자들이 책임을 회피하는 수단으로 전락하였기 때문이었다. 그는 재판을 취재하면서 느낀 자신의 생각을 다음과 같이 밝혔다.

"스스로의 눈을 가리는 인간의 능력은 거의 무한하다.
이것이 우리 세대가 나치의 경험으로부터, 또 다른 방식으로는
스탈린주의로부터 얻어 낸 본질적인 통찰들 중 하나였다."

1930년에서 1945년에 이르는 16년간은,
정치가 빌리 브란트에게
최고 최대의 정치 교육 훈련 시간이었다.
그것은 좌절과 깨달음의 순간이었다.

전쟁이 끝나자
그는 모국인 독일로 돌아왔다.

그러나 그를 기다리고 있는 것은 차가운 냉소와 가혹한 질타였다.
12년간, 나치를 피해 노르웨이 등지로 망명해 있었을 뿐인데,
12년간, 그는 독일에 있지 않았다는 이유 때문이었다.

그러나 빌리 브란트는 한시도 자신의 고향을 결코
저버린 적이 없었다. 히틀러와 나치에 대한 저항의
지도자 중 한 사람이라는 자기 확신은 절대 흔들릴 수 없었다.

모멸에 찬 맹목적인 비난은 그를 좌절시킬 수 없었다.
그의 진심을 이길 수 없었다.
베를린의 당 의장단 보좌역으로 임명된 빌리 브란트는
가족을 이끌고 베를린에 도착했다.

그때의 베를린에 대해 그는 이렇게 회상하였다.

"1946년 겨울의 베를린은 폭탄 자국, 구덩이, 잿더미, 폐허더미, 이전에
집이 있던 자리임을 거의 알 수 없는 폐허, 마치 노아의 방주 이전에 살
던 원시 괴물의 찢긴 내장처럼 땅에서 삐져 나온 전선과 수도관의 모습
이었다. 난방도 없고, 불도 없고, 모든 정원에는 무덤이 하나씩 있고, 그
모든 것 위에 마치 움직임 없는 구름처럼 뒤덮인 썩은 냄새."

그리고, 이제 베를린은 새로운 싸움의 전쟁터가 되어 있었다.

동쪽에는 러시아와 동유럽이라는 사회주의권이,

서쪽에는 영국, 프랑스, 미국이라는 자본주의권이 있었다.

베를린은 소리 없는 '이념 전쟁'의 한복판이 되었다.

1956년 11월 5일,

헝가리에서 개혁적인 정권이 수립되자

소련은 무력으로 헝가리 시민을 잔인하게 진압하였다.

부다페스트의 거리가 헝가리 시민의 피로 물들었다.

빌리 브란트는 행동에 나섰다.

소련의 개입에 분노한 수천 명의 베를린 시민들이

동베를린으로 향했다. 흥분한 군중들과 동독 경찰의 충돌로

유혈 사태가 벌어지기 직전이었다.

빌리 브란트는 호소했다.

"만일 우리가 서로 대립하고 서로를 도발한다면, 이것은 다른 편을 도
와주는 것입니다! …… 여러분! 우리 국가를 부릅시다!"

브란트는 군중을 진정시키는 데 성공했고,

나아가 베를린 시민들의 마음을 사로잡는 데 성공하였다.

이 사건으로 그의 정치 활동이 상승 곡선을 탄다.

1957년 베를린 시장 당선!
1958년 독일 시정부 회의 의장으로 선출!

사람들은 빌리브란트의
무한한 책임감에 지지를 보내기 시작했다.

하지만 독일은 분단국이었고,
베를린은 분단을 상징하는 도시였다.
1961년 8월, **베를린에 장벽이** 설치되었다.
그것은 넘을 수 없는 이념의 장벽이요,

분단의 참혹한 모습이었다.

"베를린 장벽을 없애지 않는 한
독일의 평화는 없습니다."

빌리 브란트는 다방면의 외교 채널을 동원하여
베를린 장벽을 허물어뜨릴 동서화합의 길을
정력적으로 추진하였다.
서독과 동독은 서로 싸워야 할 상대가 아니라
서로 이해하고 협력해야 할 동족이라는 인식이
그 바탕에 깔려 있었다.

"분단국가 독일의 통일은
얼어붙은 냉전 시대에서 평화의 시대로 나아가는
첫 발걸음이 될 것입니다."

그 변화의 바람은,
빌리 브란트가 1969년 10월 21일,
독일 연방 공화국의 네 번째 수상으로 선출되면서 시작되었다.

1930년, 18세의 나이로 정치에 입문한 빌리 브란트는
40년 뒤 독일의 최고 지도자가 된 것이다.

그는 수상 취임 연설에서 이렇게 천명하였다.

"동부 독일의 국제법상 승인을 고려할 수는 없으나,
동독의 존재를 독일 내 제2의 존재로 인정하며,
동등한 자격이라는 기초 위에서 동독 정부와 만날 의향이 있다."

이것이 바로 빌리 브란트의 '동방 정책'이다.

이것은 독일 통일을 위한 선언이었다.
그리고 빌리 브란트는 통일을 향해 한 발 한 발 나아갔다.

1970년 3월 19일, 제1차 동·서독 정상회담!
동독 슈토프 수상과 서독 브란트 수상의 첫 만남이었다.
1970년 5월, 제2차 동·서독 정상회담!
동서독 간 여행을 허용하고, 보다 개선된 협력관계를 약속했다.
1971년 11월 18일, 동·서독 정부의 '독일 연방 공화국과
독일 민주 공화국 간의 기본관계에 관한 조약' 10개항 조인!
1973년 11월, 국제연합(UN) 동시 가입!
1974년 6월, 동독과 서독 간 대표부 설치!

1970년 동서 정상의 만남 이후,

　근 20여 년간 활발한 경제 교류와 문화 교류가 지속되었다.

드디어! **1989년 11월 9일,**

　　세계인이 깜짝 놀랄 뉴스가 전해졌다.

동서냉전의 상징물이었던

　　　'베를린 장벽'이 무너진 것이다.

76세 노정치인 빌리 브란트는 그 현장에 섰다.

"…… 다시는 아무것도 이전에 그랬던 것처럼 되지 않을 것입니다!
얼마 전부터 유럽 위를 지나가고 있는 변화의 바람들은
독일을 그대로 통과해서 지나갈 수는 없었습니다.
제가 언제나 갖고 있는 신념은, 콘크리트로 부어 만들어진
분단과, 가시철망과 사형으로 존속하는 분단은
역사의 흐름에 역행하는 것이라는 사실입니다!"

그리고……
1990년 3월, 자유 선거가 실시되었다.
1990년 10월 3일,
동독과 서독은 마침내 하나의 국가 '독일'로 통일되었다.

『어느 정치가에 대한, 35인의 학자, 예술가, 작가들의 고찰』이라
는 특이한 책이 독일에서 발간되었다. 그 책은 저명한 학자와
예술가들이 정치 지도자 빌리 브란트에게 보내는 애정과 신뢰
의 표현이었다. 일반적으로 학자와 예술가들은 정치인에 대해
좋은 평가를 하지 않는다. 하지만 한 사람의 예외가 있었다.

"그는 외로운 사람이었고, 홀로 가는 사람이었다."
— 루이제 린저

"그는 매우 민감하고 쉽게 상처받았으며 그가 술을 끊었던 것이 누군가에게 유감이 될 정도로 그는 자제력이 있었다. 그는 자신에게 많은 짐을 지웠다."
— 지그프리트 렌츠

"사람들이 말을 신뢰하게 되는 설득 과정의 고통. 말을 잘 믿는 사람은 상처에서 쉽게 벗어날 수 없다."
— 도로테 죌레

"그는 지도자의 강함에 대한 상징이 아니라 약함의 강함에 대한 상징이다."
— 하인리히 뵐

이 책의 저자들은 공통적으로
이 정치가의 **약함**과 **상처 입음**에 대해 존경과 공감을 보냈다.
작가들은 정치가 빌리 브란트의 약함을,
그의 '인간적인, **너무나 인간적인**' 모습을 몹시 사랑했다.

빌리 브란트는 언젠가 자신의 수첩에
조지 오웰의 책에서 따온 문장 하나를 적었다.

"왜냐하면,

모든 삶은

내적으로 볼 때 좌절의 연속에 지나기 않기 때문에……."

그는 무엇에도 기대지 않고 자신의 힘을 지키려고 애썼다.
역사적 책임을 미루거나 피하지 않겠다는 의지 때문이었다.

그는 약한 사람이었다.

그래서 강한 사람이었다.

쓰러질 듯 쓰러지지 않는 풀잎처럼

거센 바람에 누울지언정 꺾이지 않는 풀잎처럼

유연하면서 강인한 인간이었다.

언제나 '더 많은 민주주의'를

끊임없이 요구했던

빌리 브란트,

그는 세계 정치사에서

가장 독특한,

위대한 정치가였다.

한까칠 청소년 기자의 가상 인터뷰

서로 이해하고 인정하는 것부터 시작해야

한까칠   이곳이 바로 독일 분단의 역사를 담고 있는 베를린 장벽이 군요.

브란트   예. 그렇습니다. 이젠 분단의 역사가 아니라 평화의 상징이 되었습니다.

한까칠   남한과 북한은 아직도 서로 총부리를 겨누고 있습니다. 수상 님께서는 어떻게 독일 통일의 물꼬를 열 수 있었습니까?

브란트   개인 간의 갈등이나 국가 간의 갈등이나 해결의 실마리는 우 선 자기 자신을 반성하는 데에서 출발해야 합니다. 상대방의 잘못을 지적하기 전에 자신의 잘못을 인정하면 모든 갈등은 풀리기 시작합니 다. 그 다음엔 서로 상대방의 입장을 이해할 수 있게 됩니다.

한까칠   한국의 사자성어 중에 역지사지(易地思之)라는 말이 있는데 바 로 역지사지를 실천해야 한다는 말씀이군요.

브란트   네, 그렇습니다.

한까칠   서독 수상으로 재임 시절 수상님께서는 폴란드를 방문하여 유대인 희생자 위령탑에서 무릎을 꿇고 묵념을 올리셨습니다. 국가 최 고 지도자로서 무릎을 꿇는 일은 매우 드문 경우인데요.

브란트   저의 조국 독일은 과거 국가의 이름으로 유대 인을 학살하는 만행을 저질렀습니다. 서독의 수상으로서 독일이 저지른 잘못에 대해 진심으로 사죄를 하는 것만이 다시는 같은 잘못을 반복하지 않는 길이라고 생각했습니다.

한까칠 수상님이야 말로 진정한 용기를 가진 분이란 생각이듭니다. 그런데 온갖 만행을 저지른 일본은 지금도 사과는커녕 자신들의 잘못된 과거를 감추고 역사를 왜곡하는 행동을 하고 있습니다. 그에 대해 어떻게 생각하십니까?

브란트 까칠한 질문이군요. 일본에도 양심적인 분들이 많은 것으로 알고 있습니다. 그분들은 과거 일본이 저지른 일을 깊이 반성하고 있으며 일본군 위안부 문제나 독도 영유권 문제에 대해서도 진실을 밝히기 위한 노력을 기울이고 있습니다.

한까칠 통일을 이룬 독일의 지도자로서 한반도 통일을 위해 조언을 부탁 드립니다.

브란트 남한과 북한이 서로를 이해하고 인정하는 것부터 새로 시작해야 합니다. 앞서서 말씀 드린 대로 상대방의 잘못을 지적하기보다 남한 내부의 문제가 무엇인지를 반성하는 자세가 필요합니다.

빌리 브란트 연표

1910

1913 사생아로 출생

1913 연방 준비 제도
(Federal Reserve system) 창설
1919 3 · 1 운동

1920

1930 사민당 가입

1922 소련 수립
1926 6 · 10 만세운동

1930

1931 사회주의노동자당 가입
1933 나치정권을 피해 노르웨이로
망명

1931 윤봉길 의사 의거
1931 만주사변
1933 히틀러 집권

1940

1945 동독과 서독으로 분단
1948 서독으로 귀국

1945 독일 패망
1945 8 · 15 해방
1948 제주 4 · 3 항쟁
1948 이스라엘 건국
1950 6 · 25 전쟁 발발
1950 중국, 티베트 침공

1950

1957 서베를린 시장 취임

1953 6 · 25 전쟁 휴전
1958 중국 대약진운동
1960 4 · 19 혁명

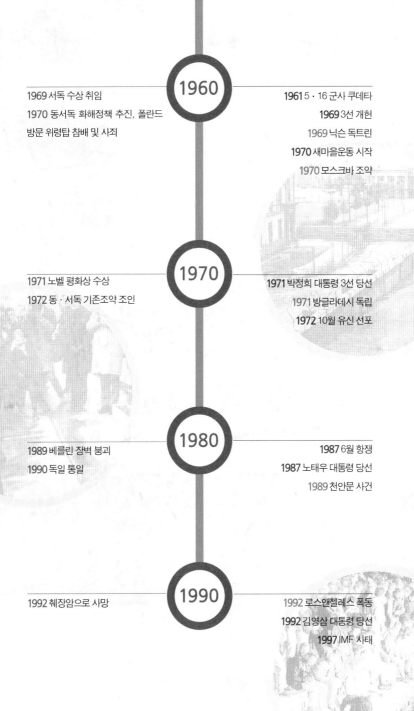

1960

1969 서독 수상 취임

1970 동서독 화해정책 추진, 폴란드
방문 위령탑 참배 및 사죄

1961 5 · 16 군사 쿠데타

1969 3선 개헌

1969 닉슨 독트린

1970 새마을운동 시작

1970 모스크바 조약

1970

1971 노벨 평화상 수상

1972 동 · 서독 기존조약 조인

1971 박정희 대통령 3선 당선

1971 방글라데시 독립

1972 10월 유신 선포

1980

1989 베를린 장벽 붕괴

1990 독일 통일

1987 6월 항쟁

1987 노태우 대통령 당선

1989 천안문 사건

1990

1992 췌장암으로 사망

1992 로스앤젤레스 폭동

1992 김영삼 대통령 당선

1997 IMF 사태

노무현

모두 "예"라고 말할 때
"아니오"라고 대답한, 소신 있는 대통령

"이의 있습니다. 반대토론 해야 합니다."

1960년 2월 진영중학교……

담임 선생님은 정규 수업을 중단하고 굳은 표정으로 학생들 앞에 섰다.

"오늘은 우리나라의 어른이신
이승만 대통령의 생신이다."

학생들에게는 아주 특별한 과제가 주어졌다.
이승만 대통령 생일을 기념하기 위한
'대통령을 찬양하는 글짓기' 쓰기였다.

아직 어린 학생들이었지만 뭔가 잘못된 일이라는 것을 알았다.
아이들은 서로 눈치를 보며 웅성거렸다.

"싫어도 꼭 해야 되는 거야.
선생님이 다시 올 때까지 글짓기를 완성하도록."

"예."

아이들이 마지못해 대답했다.

그리고 너도나도 연필을 들기 시작했다.

'대한민국은 민주공화국이다.'
'대통령은 국민 위에 군림하는 왕이 아니다.'

아이들도 알고 있었다.
다만 선생님의 명령을 거부할 용기가 없었을 뿐이다.

부당하다는 것을 알면서도 감히 거부하지 못하는 경우가 있다.
모두가 입을 다물면,
누군가 '아니오!'라고 말하지 않으면
부당한 일은 뻔뻔하게 정의의 가면을 쓰게 된다.

"아니야! 이것은 부당한 일이니
숙제를 거부하고 백지를 내자!"

앞자리에 앉은 한 학생이 자리에서 벌떡 일어나며 외쳤다.
작은 키에 왜소한 체구, 하지만 목소리는 당당했다.

노무현이었다.

아이들이 연필을 내려놓았다.

노무현의 한 마디가 아이들에게 용기를 내게 한 것이다.

선생님이 계시지 않았는데도 교실은 여느 때와 달리 침묵이 흘렀다. 평소 개구쟁이 아이들도 장난을 치지 않았다.

한 시간이 지났다. 선생님이 교실문을 열고 들어오셨다.

"모두들 완성했겠지? 완성한 사람은 가지고 나와."

아무도 나가지 않았다.

"어떻게 된 거야! 완성한 사람 없어?"

그때 노무현이 종이를 들고 벌떡 일어나 앞으로 나갔다. 아이들의 눈이 동그래졌다.

'무현이 저 자식 글짓기 거부하자더니, 치사하게 혼자 한 거야?'

아이들이 당황한 표정으로 눈짓을 주고받았다.

노무현이 제출한 글을 받아든 선생님의 표정이 일그러졌다.

종이를 쥔 손이 부들거리며 떨렸다.

'우리 이승만 택통령'

노무현이 쓴 '택'의 의미는 '턱도 없다'라는 의미로 절대 안 된다는 반대의 뜻을 담고 있었기 때문이었다.

교무실로 끌려간 노무현은 하루 종일 벌을 서야 했다.

하지만 잘못했다는 말은 끝까지 하지 않았다.

선생님이 반성문을 쓰라고 했지만 그대로 집으로 도망쳐 버렸다.

집으로 돌아온 그는 큰 형님께 호된 꾸지람을 들어야 했다.

'스스로 잘못했다고 생각이 들면 반성문을 쓸 일이고, 잘못이 없다고 생각하면 끝까지 버텨야지, 사내놈이 왜 도망을 치느냐!'

노무현은 다시 학교로 갔지만 끝내 반성문은 쓰지 않았다.

'어떠한 압력에도 자신의 **소신**을 굽히지 말아야 한다.'는

큰 형님의 말씀······

그 후로 수많은 난관에 부딪칠 때마다 노무현은

큰 형님의 말씀을 떠올렸다.

노무현의 고향, **봉하**!

경상남도 김해 부근의 조그만 시골 마을……

거대한 부엉이 바위가 마을을 내려다보고 있다.

노무현은 힘들 때마다 혼자 부엉이 바위에 올랐다.

가난 때문에 끼니를 걸러야 했을 때

부엉이 바위는 시원한 바람으로 배고픔을 잊게 해 주었다.

입학금이 없어 중학교 입학을 거절당했을 때

부엉이 바위는 그의 어깨를 두드리며 용기를 주었다.

두 번 연속 사법고시에 실패하고 실의에 빠졌을 때도

부엉이 바위는 어김없이 그를 위로해 주었다.

기운을 내!
그깟 시험에 떨어졌다고 좌절하기엔
아직 일러!

언제나 노무현의 든든한 멘토였던 **부엉이 바위**.

그곳에는 오래된 전설이 있다.

지금도 부엉이 바위로 오르다보면

비탈진 오솔길 옆에 비스듬히 누운 돌부처를 만날 수 있다.

고려 시대부터 천 년 세월 동안 그 자리를 지키고 있는 돌부처! 똑바로 앉지 못하고 불편한 자세로 천 년의 세월을 견딘 전설은 중국 당나라 시대로 거슬러 올라간다.

당나라 황후의 꿈속에 나타난 청년이 있었다. 감히 최고 권력자인 황후의 꿈을 어지럽히다니, 그것은 권력에 대한 도전이었다.
황후의 이야기를 들은 신승이 그 청년을 잡아다 바위틈에 가두었는데 그 청년이 마애불 돌부처가 되었다고 한다.

하늘 아래 최고의 권력이었을 당나라 황실, 도대체 그 누가 금기의 영역인 당나라 황후의 꿈속으로 발을 들여놓을 수 있단 말인가. 모두가 두려워했던 황제의 권력에 두려움 없이 맞섰던 그 청년. 절대 권력은 그 청년을 용서하지 않았다. 그러나 청년은 결코 무릎을 꿇지 않았다. 당당히 가부좌를 튼다. 권력은 그 청년의 당당함이 두려웠다. 권력이란 스스로 두려울 때 더욱 야비하고 잔인해지는 법. 당나라의 황후는 끝까지 무릎을 꿇지 않는 청년을 바위 절벽으로 밀어뜨리게 한다. 하지만 청년은 차라리 쓰러져 누울지언정 가부좌를 풀지 않았다. 돌부처가 된 청년은 쓰러진 채로 여전히 웃고만 있다. 그리고 청년의 미소 위로 운명의 시간이 켜켜이 쌓인다. 자그마치 천 년 동안이나.

천 년의 시간이 흐른 뒤,

부엉이 바위 아래 작은 초가집에서 한 아이가 태어난다.

당나라 황후에게 당당히 맞섰던 청년의 운명이 그 아이에게 전

해지기라도 한 것인가. 천 년이 지난 후 그 아이는 영원한 청년

이 되어 부엉이 바위에 새로운 전설을 새긴다.

노무현은 법률가가 되고 싶었다.

그러나 노무현의 집은 너무 가난했다.

대학은커녕 고등학교 진학도 포기해야 할 만큼

소년 노무현의 꿈은 가난에 짓눌려 날개를 펼 수 없었다.

'야! 무현아!

부산에서 장학생 선발 시험이 있대.

한번 도전해 봐. 네 실력이면 합격할 수 있을 거야.'

노무현은 부일장학회*의 장학생으로 선발되었다.

고등학교에 진학할 수 있게 된 것이다.

하지만 하루빨리 가난에서 벗어나기 위해

취업이 보장된 부산상업고등학교를 선택할 수밖에 없었다.

'법률가의 꿈을 이대로 포기해야만 하나?'

노무현은 탈선과 방황의 길로 접어든다.

여름 방학이 되어 고향집으로 돌아가니 가족들은 쌀이 없어서

메밀죽으로 저녁을 때우고 있었다.

비참했다.

졸업을 하고 잠시 회사에 취직을 했다.

하지만 그 곳 역시 노무현의 꿈과는 거리가 먼 곳이었다.

좌절과 실패 속에서

잊고 있던 꿈이 스멀거리며 피어올랐다.

'그래,

나의 꿈은 법률가가 되는 것이었지.'

부일장학회 당시 부산일보 김지태 사장이 설립한 장학회. 어려운 환경에서도 열심히 공부하는 학생들을 선발하여 지원하였다. 노무현도 중학교 3학년 시절 부일장학회로 부터 장학금을 받아 학업을 계속할 수 있었다. 그런데 5·16 군사 쿠데타 이후 김지태 사장은 자신이 운영하던 부산일보와 MBC 방송 주식 그리고 부일장학회를 박정희 장 군이 앞장선 군부 쿠데타 세력에게 강제로 빼앗기게 된다. 그 후 대통령에 오른 박정 희씨는 부일장학회를 정수장학재단으로 바꾸게 된다. 지금도 김지태씨 유족들은 강 제로 빼앗긴 장학회를 원상 복귀하기 위해 노력하고 있다.

"법률가? 꿈 깨!"

"직장이나 잘 다닐 생각해!"

"고등학교밖에 졸업하지 못한 주제에 사법고시라니, 쯧쯧."

주변 사람들 대부분 노무현에게 분수를 모른다고 힐책했다.

"아니오! 나 노무현은 내 꿈을 꼭 이룰 겁니다."

그러나 책값조차 없었다.

공부를 하기 위해 막노동판에 나가 닥치는 대로
일을 시작했다. 하루 종일 벽돌을 짊어지고 시멘트 바닥에
누워 잠을 잤다. 그러나 꿈을 향한 청년 노무현의 의지는
꺾이지 않았다. 고향으로 돌아온 그는 산자락에 토담집을
짓고 고시 공부에 몰입하기 시작한다. 2년 공부한 끝에
일단 예비시험*에 합격한 후 군복무를 마치고 돌아와
다시 공부를 시작했다.

고시 공부를 하는 동안 노무현의 곁에서 힘이 되어 준 사람은

동네 아가씨 권양숙이었다.

두 사람은 동네 사람들의 눈을 피해

부엉이 바위가 올려다 보이는 화포천 둑길을 거닐며

데이트를 했다.

톨스토이와 도스토에프스키를 놓고

논둑에 앉아 밤늦도록 토론을 벌이기도 했다.

1973년 1월 두 사람은 결혼식을 올린다.

무모한 결혼이었다.

하지만 권양숙은

노무현의 꿈을 믿었다.

큰 형님의 교통사고 **사망!**

1973년, 사법고시 **낙방!**

1974년, 두 번째 사법고시 **낙방!**

당시에는 대학 졸업자는 곧바로 사법고시에 응시할 수 있었지만, 대학을 나오지 못한
사람은 사법고시를 치르기 전에 먼저 예비시험에 합격해야 응시 자격이 주어졌다.

'내 능력이 여기까진가 봐.
이제 꿈을 포기해야 하는 거 아닐까?'

 그때 힘이 되어 준 사람은 작은 형님과 아내였다. 작은 형님은 가족들을 책임져 주고 아내는 공부에만 전념할 수 있도록 밥을 해 날랐다.

1975년 3월 27일,
마침 그날은
노무현이 아내 권양숙과 한바탕 부부싸움을 한 날이었다.

'무현아! 노무현!'

노무현은 꿈결에서 자신을 부르는 희미한 소리를 들었다.
마을 이장을 맡고 있었던 친구가 신문을 들고 달려왔다.

'합격이야, 합격! 무현아, 네가 해냈어!'

노무현은 눈을 비비고 일어나 친구가 들고 온 신문을 펼쳤다.

1975년 제17회 사법고시 합격자 명단……

맨 끝에 그의 이름이 있었다.

노무현과 권양숙은 부부싸움을 한 것도 잊은 채

끌어안고 엉엉 눈물을 흘렸다.

합격자는 60명! 노무현을 제외하고

모두 명문 대학 출신이었다.

고졸은 노무현이 유일했다.

고졸 출신 사법고시 합격!

그것은 노무현이 이룬 첫 번째 신화였다.

주변 사람들이

법률가의 꿈은 허황된 것이라고 만류할 때

"아니오!" 라고 말하지 않았다면

그 신화는 불가능했을 것이다.

사법연수원을 마치고 판사로 재직하던 노무현은

판사직을 그만두고 변호사로 나섰다.

유일한 상고 출신 변호사!

부산에서 변호사 사무실을 개업한 노무현은
상고 출신의 장점을 살려 '세무 전문 변호사'로
명성을 얻게 된다.

돈과 명예를 동시에 거머쥔 노무현은
세상에 부러울 게 없었다.
만일 그가 변호사로서의 삶에 만족하고 살았다면
개인적으로는 훨씬 더 행복한 인생이 되었을지도 모른다.

1981년 9월,
노무현의 삶의 방향을 바꾸는 사건이 벌어진다.
바로 '**부림사건**[*]'이다.

당시 한국사회는 정치적으로 암울한 시기였다. 1980년 광주 시
민들을 총칼로 학살하고 정권을 잡은 전두환 등 신군부는 모든
언론을 통제하고 자신들을 비판하는 세력들을 탄압하였다. 부
림사건도 군사 독재 정권이 부산 지역의 대학생 등 정권에 비
판적인 사람들을 공산주의자로 조작하여 탄압한 사건이었다.

부림사건을 맡은 노무현 변호사는 구속된 대학생들을 만나기 위해 구치소로 면회를 갔다. 그곳에서 물고문과 통닭구이 고문 등 불법 폭력으로 반죽음 상태가 된 대학생들을 만난다.

노무현은 뒤통수를 얻어맞은 듯 충격에 휩싸였다.
대한민국의 헌법은 없었다. 자신이 배워 알고 있던 헌법에는 분명 인간의 존엄성을 보장한다고 되어 있지만, 그것은 휴지 조각에 불과했다. 민주 국가에서는 결코 있을 수 없는 일이 국가에 의해 자행되고 있었던 것이다.

부림사건 1981년 3월 출범한 전두환 정권이 집권 초기에 통치 기반을 확보하고자 민주화 운동 세력을 탄압하기 위해 조작한 사건이다. 1981년 9월 부산 지검 공안 책임자인 최병국 검사는 부산 지역 사회과학 독서모임을 하던 학생·교사·회사원 등을 영장 없이 체포한 뒤, 짧게는 20일에서 길게는 63일 동안 불법으로 감금하며 구타는 물론 '물고문'과 '통닭구이 고문' 등 살인적 고문을 가하였다. 검찰은 독서 모임 중 정부를 비판하는 이야기를 나눈 것을 정부 전복을 꾀하는 반국가단체의 '이적 표현물 학습'과 '반국가단체 찬양 및 고무'라는 죄로 조작하여 모두 22명을 구속하였다. 구속된 사람들 중에는 재판을 받으러 와서 처음 만난 사람들도 있었다. 당시 변론은 부산 지역에서 변호사로 활동하던 노무현·김광일·문재인 등이 무료로 맡았는데, 특히 노무현은 고문당한 학생들을 접견하고 권력의 횡포에 분노하여 이후 인권 변호사의 길을 걷게 되었다. 옥고를 치르던 이들은 1983년 12월 전원 형집행 정지로 풀려났으며, 이후 부산 지역 민주화 운동의 중심에서 활동하였다. 부산 지역 사상 최대의 용공 조작 사건으로 꼽히는 이 사건은 이후 민주화 운동으로 인정을 받았다.

심한 고문으로 탈진한 학생들을 마주 대하는 순간,
노무현의 마음은 분노의 불길로 휩싸였다.

'어떻게 법치 국가 대한민국에서
이런 일이 있을 수 있단 말인가.'

분노의 불길은 두 가지였다. 하나는 헌법을 짓밟고 무고한 시민을 고문한 군사 독재 권력을 향한 분노였고, 또 하나는 노무현 자기 자신을 향한 분노였다. 지금까지 개인적 성공을 위해 살아온 자신이 부끄러웠다. 부당한 현실에 적극적으로 저항하지 않았던 자신이 부끄러웠다. 그 사건을 계기로 그는 **'인권 변호사'**의 길을 가기로 결심한다.

"자네는 세무 전문 변호사야 정치적인 일에 끼어들면 손해야."
"아니오!
저는 대한민국을 사랑하는 변호인입니다.
국민은 곧 국가입니다."

인권 변호사로 본격적으로 나서면서 경제 형편은 다시 어려워지기 시작했다.

1987년
민주화를 요구하는 국민들의 요구가
6월 항쟁으로 나타나 전국으로 퍼져 나갔다.

독재 정권을 향한 노무현의 싸움도 더욱 거세졌다.
노무현의 이름 앞에는 새로운 수식어가 붙어 다녔다.

인권 변호사, 노무현!
노동자의 친구, 노무현!

노무현은 독재 권력의 눈엣가시가 되어 있었다.
평소 노무현을 못마땅하게 여겼던 검찰은
노동자를 돕는 활동을 제3자 개입이라는
터무니없는 죄를 뒤집어 씌워 구속하였다.
민주화 운동을 했다는 이유로 감옥에 갇히게 된 것이다.

변호사 자격을
빼앗긴 노무현은
정치에 도전한다.

1988년 4월, 제13대 국회의원 총선거, 부산 동구!
기호 1번 **허삼수**, 기호 2번 **노무현**!

노무현의 상대 허삼수는 당시 최고 권력자인 독재자 전두환의
오른팔로 불리는 막강한 권력자였다. 감히 누구도 허삼수와 상
대하기를 꺼릴 정도로 승산이 없는 대결이었다.

"하필이면 대통령의 오른팔 허삼수에게 도전한다고?
 차라리 포기하든지 아니면 다른 곳으로 출마해."
"아니오! 저는 국회의원 당선이 아니라
독재 권력과 싸우기 위해 꼭 출마할 것입니다."

1988년 4월, 노무현은 예상을 깨고 승리한다.
노무현의 '계란으로 바위 깨기'가 극적인 성공을 거둔 것이다.
하지만 국회의원 당선은 목표가 아니라 새로운 시작이었다.

국회의원 신분을 얻은 그는

노동자의 권리와 민주화를 위한 활동에 더욱 박차를 가했다.

1987년은 정치적으로 격동의 시기였다.

민주주의 쟁취를 위한 6월 항쟁*의 결과로

국민들이 대통령을 직접 뽑을 수 있게 되었지만

1987년 12월에 실시한 대통령 선거에서

야당 분열로 인해

독재자 전두환의 친구이자

군사 쿠데타를 함께 일으켰던 **노태우**가

제13대 대통령에 당선된다.

6월 항쟁 쿠데타로 집권한 전두환 정권 당시인 1987년 1월 서울대생 박종철군이 치안본부 대공수사단에 연행돼 조사받던 중 사망하는 사건이 일어난다. 이에 민주화 시위가 전국적으로 일어나자 전두환 정권은 시위대를 연행 구속하는 등 억압한다. 이에 학계·문화계·종교계 각계각층이 일어나 군사 정권을 비판하고 당시 간접선거로 대통령을 뽑던 헌법을 국민이 직접선거로 뽑는 대통령 직선 헌법으로 바꾸자는 민주화 투쟁 열기가 고조된다.
5월 18일 천주교 정의구현 사제단에 의해 박종철 고문치사 사건이 은폐·축소 조작된 것으로 밝혀지고, 6월 9일 연세대생이었던 이한열이 시위 과정에서 머리에 박힌 최루탄 파편으로 사경을 헤매게 되자, 국민 저항운동이 대규모로 확산되었다. 마침내 6월 29일 전두환 정권은 노태우 민정당 대표위원의 '6·29 선언'을 통해 대통령 직선제 개헌을 받아들이게 된다.

그럼에도 불구하고 국민들의 민주화에 대한 염원은

국회 5공 청문회 증인석에 독재자 전두환을 세우고야 만다.

전두환 정권 시절의 부정과 비리를 파헤치는 국회 청문회가

열리고 최초로 그 내용이 TV를 통해 생중계된 것이다.

노무현은 이 청문회에서 단연 국민 스타로 부상한다.

전두환 정권에서 권력을 휘두르던 사람들과 재벌들이

노무현의 거침없는 질문에 쩔쩔매는 모습이 생중계된 것이다.

**"정치인들은 거기서 거기라고 알았는데,
노무현은 달라!"**

**"노무현의 모습을 보고
10년 묵은 체증이 달아났다."**

노무현은 현대그룹회장 정주영을 증인으로 불러놓고

날카로운 질문을 했다.

대부분의 국회의원들이 그에게 잘 보이기 위해

아부 경쟁을 벌일 정도였지만

노무현은 달랐다.

노무현 증인 정주영은 시류에 순응했다고 했는데, 왜 진작부터 바른말
     을 하지 못했습니까?

정주영 죄송하지만 그러한 용기를 갖지 못한 데 대해 대단히 송구스
     럽게 생각합니다.

노무현 권력의 힘이 있을 땐 붙고 힘이 없을 땐 떨어지는 것…… 자라
     나는 청소년들에게 엄청난 가치관의 오도를 가져 오고, 지금
     까지 정의를 위해 목숨을 걸고 싸워 왔던 많은 양심적인 사람
     들에게 엄청난 분노를 일으키고 있습니다.

정주영 저는…….

모두들 정 회장에게 잘 보이기 위해 애를 쓰는 상황이었다.

하지만 노무현이 잘 보여야 할 대상은 재벌 회장이 아니라

바로 국민들이었다.

그러나

권력과 돈을 가진 사람들은

노무현을 좋아하지 않았다.

1990년 1월,

3당 합당*이라는 충격적인 사건이 벌어진다.

노무현이 소속된 통일민주당 김영삼 총재가 자신이 다음 대통령이 되기 위해 군사 쿠데타 세력인 노태우 대통령과 손을 잡고 민자당이라는 거대 여당을 만든 사건이었다. 그것은 정부와 여당을 견제하라고 국민들이 뽑아 준 야당이 국민의 뜻을 버리고 통째로 변절을 한 사건이었다.

"이의 있습니다. 반대토론 해야 합니다."

노무현은 손을 들고 발언권을 요청했다.

그러나 사회자는 그를 무시하고 만장일치로 합당이 이루어졌음을 선포했다.

"자네도 부산 출신 아닌가.

경상도 출신이 김영삼씨를 반대하면 정치 생명은 끝이야.

적당히 타협하게."

"아니오!
저는 못 갑니다.
국민을 배신할 수 없습니다!"

3당 합당 1990년 1월 22일, 당시 집권 여당이었던 민정당이 제2야당 통일민주당, 제3야당 신민주공화당과 합당해 민자당을 출범시킨 것을 말한다. 이는 각 3당의 이해관계가 맞아 이루어진 것으로 '3당 야합'이라고도 한다. 당시 민정당 노태우 정권은 여소야대로 국정의 주도권을 빼앗길 위기에 있었고, 차기 대통령 당선을 노리던 통일민주당의 김영삼은 제2야당으로 전락하여 자신의 계획이 불투명해졌으며, 군소정당으로 전락한 신민주공화당의 김종필 역시 3당 합당을 통해 권력을 유지하고자 했다.
이는 국민의 손에 의해 뽑힌 야당이 정치적 이해득실에 따라 국민의 뜻을 거스르고 밀실 협상을 통해 여당으로 변신했다는 점에서 야합이라고 할 수 있다. 당시 3당 합당으로 출범한 민자당은 그후 한나라당으로 이름을 바꿨다가, 지금은 새누리당으로 당명을 변경하였다.

이때부터 정치인 노무현의 외로운 싸움은 20년 동안 이어지게
된다. 매 순간 순간이 계란으로 바위치기의 연속이었다.

1992년, 14대 총선에서 **낙선**
1995년, 부산시장 선거에서 **낙선**

'노무현이 가는 사람은 좋은데 전라도편이어서 싫다.'

부산 사람들도 노무현의 인격과 능력은 인정했다.
그러나 선거의 당락은 지역감정에 의해 판가름 났다.

1998년 노무현은 서울 종로구에서 실시된 국회의원 보궐선거
에서 국회의원으로 당선된다. 그러나 2년 뒤 치러진 총선거에
서 노무현은 다시 부산 출마를 선언한다.
주변 사람들이 모두 말렸다.

**"아니오!
저는 부산에 출마합니다.
당선을 위해 부산 유권자를
버릴 수 없습니다."**

2000년 제16대 국회의원 총선거……

역시 낙선이었다.

"농부가 밭을 탓할 수는 없는 일이지요."

번번이 자신을 외면하는 부산 시민들이 서운하지 않느냐는
질문에 노무현은 그렇게 대답했다.

쉬운 길이 있는데
노무현은 왜 가시밭길을 스스로 선택한 것일까?

노무현은 다음과 같이 대답한다.

"누군가는 해야만 하는 일이기 때문입니다. 대한민국의 정치 발전을 위
해서는 지역 감정에 맞서 누군가는 싸워야 하고 그 일을 제가 한 것뿐
입니다."

권력과 돈을 가진 사람들은 노무현을 좋아하지 않았지만
평범한 시민들이 그의 가치를 알아보기 시작했다.

네티즌들은 '바보처럼 무모한 도전을 멈추지 않는다.'는 뜻으로
그에게 '**바보 노무현**'이라는 별명을 지어 주며
응원하였다.
그리고 '바보 노무현'을 좋아하는 사람들이
자발적으로 모여 '노무현을 사랑하는 사람들의 모임'
즉 '**노사모**'를 발족시켰다.
학생, 주부, 직장인, 영화배우, 시인 등
각계각층의 시민들이 모여
노무현을 위한 팬클럽을 만든 것이다.

그로부터 2년 뒤,
노무현은 민주당 대통령 후보에 선출된다.
부산 출신 정치인이 호남을 기반으로 하는
민주당의 대통령 후보가 된다는 것은
기적과 같은 일이었다.

2002년 민주당 대통령 후보로 선출된 노무현은
다음과 같은 명연설을 남긴다.

조선 건국 이래로 600년 동안 우리는 권력에 맞서서 권력을 한 번도 바꾸어 보지 못했습니다. 비록 그것이 정의라 할지라도, 비록 그것이 진리라 할지라도, 권력이 싫어했던 말을 했던 사람은 또는 진리를 내세워서 권력에 저항했던 사람들은 죽임을 당했고, 그 자손들 까지 멸문지화滅門之禍를 당했고, 패가망신했고, 600년 동안 한국에서 부귀영화를 누리고자 했던 사람들은 모두 권력에 줄을 서서 손바닥을 비비고 머리를 조아려야 했습니다.

......

80년대 시위하다가 감옥 간 우리의 정의롭고 혈기 넘치는 우리의 젊은 아이들에게 그 어머니들이 간곡히 간곡히 타일렀던 그들의 가훈 역시 '야, 이놈아, 계란으로 바위 친다. 그만 둬라. 너는 뒤로 빠져라.' 이 비겁한 교훈을 가르쳐야 했던 우리들의 600년의 역사. 이 역사를 청산해야 합니다.

권력에 맞서서 당당하게 권력을 한 번 쟁취한 우리의 역사가 이루어져야만이 이제 비로소 우리 젊은이들이 떳떳하게 정의를 이야기할 수 있고, 당당하게 불의에 맞설 수 있는 새로운 역사를 만들어 줄 수 있습니다.

2002년 12월 대통령 선거⋯⋯

이번엔 **더 큰 기적**이 일어난다.

한나라당의 이회창 후보가 대통령으로 당선될 것이라는

대세론을 뒤집고 제 16대 대통령에 당선된 것이다.

거대하고 단단한 바위를 향해 끊임없이 온몸을 부딪혀 온

노무현의 승리였고,

그의 무모한 도전을 응원한 **평범한 국민들의 승리**였다.

대한민국 16대 대통령!
노! 무! 현!

부엉이 바위를 바라보며 설움을 삼키던 소년은

이제 자기 스스로 커다란 바위가 되어

많은 사람들에게 희망의 상징이 되었다.

대통령 노무현 취임!
그는 두 번째 신화를 남긴다.

철저한 민주주의자였던 노무현은

자기 스스로 권력을 독점하지 않았다.

대통령으로서 할 수 있는 많은 개혁 정책을 수립하고 시행했다.

전임 김대중 대통령에 이어 '남북 정상 회담'을 이끌어 내는 등

한반도 평화에도 크게 기여하였다.

역대 어느 대통령도 쉽게 내려놓지 못했던 권위를

과감하게 버리고 노무현 자신이 국민의 친구가 되려고 했다.

2008년 2월 25일,

노무현은 대통령 임기를 마치고

고향 봉하마을로 돌아온다.

노무현에게 대통령직 퇴임은 끝이 아니라 새로운 시작이었다.

노무현은 **'사람 사는 세상'**을 꿈꾸었다.

대통령 임기를 마치고 고향으로 돌아오는 기차 안에서 노무현의 가슴은 새로운 기대로 뛰고 있었다. 고향 봉하마을을 생태마을로 만들어 갈 아이디어가 머릿속에서 샘솟았다.

고향으로 돌아온 노무현은 곧바로 농사꾼으로 변신한다.

농촌을 사람 사는 세상으로 만들기 위해 생태 농업과 하천 습지를 복원하는 일에 나섰다. 벼농사에 농약을 쓰지 않은 친환경 오리 농법을 도입하였다. 많은 사람들이 반대를 했지만 결국 그해 가을 오리 농법이 성공하였고, 추수한 쌀은 '봉하 오리 쌀'이라는 브랜드를 달고 전국으로 팔려 나갔다.

밀짚모자를 쓰고 땀을 닦는 대통령!
허름한 점퍼 차림으로 손녀를 자전거에
태우고 논길을 달리는 대통령!

동네 아저씨처럼 무심코 지나치다

'안녕하세요.' 하고 서로 인사를 나누는 그런 대통령!

사람들이 몰려왔다.

교통도 불편한 봉하마을로 사람들이 몰려들었다.

서울에서, 광주에서, 부산에서, 대전에서

사람들이 모여들었다.

좀처럼 섞이기 어려운 서로 다른 억양의 사투리가

봉하마을에서 하나가 되었다.

노무현을 만나러 온 사람들이었다.

작업복 차림에 밀짚모자를 쓴 노무현이

사람들과 농담을 주고받으며 함박웃음을 나누었다.

그해 겨울……

봉하마을에도 **찬바람**이 불어왔다.

찬바람은 여느 겨울보다 매서웠다.

그해 겨울이 고향으로 돌아와 맞이하는

첫 번째이자 마지막 겨울이 될 줄은 아무도 몰랐다.

노무현과 가까웠던 사람들이 검찰에 구속되고 일부는 감옥으로 가야 하는 안타까운 일이 연이어 벌어졌다. 특히 아무런 대가 없이 오랫동안 그를 후원해 오던 강금원 회장마저 구속이 되자 노무현의 절망은 더욱 깊어졌다.

자신을 도왔다는 이유로 감옥까지 가야 하는 동료들을 보면서도 노무현이 할 수 있는 일은 아무것도 없었다. 그는 홈페이지에 자신을 지지하는 국민들께 다음과 같은 글을 남겼다.

더 이상 노무현은 여러분이 추구하는 가치의 상징이 될 수 없습니다. 자격을 상실한 것입니다. 저는 이미 헤어날 수 없는 수렁에 빠져 있습니다. 여러분은 이 수렁에 함께 빠져서는 안 됩니다. 여러분은 저를 버리셔야 합니다. 적어도 한 발 물러서서 새로운 관점으로 저를 평가해 보는 지혜가 필요합니다.

봄이 왔다.

하지만

봉하마을은 여전히 겨울이었다.

"현 대통령에게 고개 숙이면 적당히 마무리 될 겁니다."

"아니오!"

2009년 5월 23일 새벽,

노무현은 가족들이 깨기 전에 집을 나섰다.

담장 밑으로 삐쭉 내민 잡초를 뽑고 나서

부엉이 바위 쪽으로 걸어갔다.

바람이 차가웠다.

그는

생의 마지막으로

부엉이 바위에 오른다.

이마에 땀이 맺히기시작했다.

평생 그를 지켜보았던 부엉이 바위는 그날 새벽 노무현에게 무슨 말을 했을까? 혹시 바위틈에 비스듬히 누워 있는 돌부처 마애불의 전설을 이야기하지 않았을까?

노무현은 그날 새벽 부엉이 바위 위에서 어떤 생각을 했을까?

너무 많은 사람들에게 신세를 졌다.

나로 말미암아 여러 사람이 받은 고통이 너무 크다.

앞으로 받을 고통도 헤아릴 수가 없다.

여생도 남에게 짐이 될 일밖에 없다.

건강이 좋지 않아서 아무것도 할 수가 없다.

책을 읽을 수도 글을 쓸 수도 없다.

너무 슬퍼하지 마라.

삶과 죽음이 모두 자연의 한 조각 아니겠는가?

미안해하지 마라.

누구도 원망하지 마라.

운명이다.

화장해라.

그리고 집 가까운 곳에 아주 작은 비석 하나만 남겨라.

오래된 생각이다.

다시 사람들이 모여들었다!

봉하마을로, 덕수궁 대한문 앞으로, 시청 광장으로……

노란 풍선에 국화 한 송이,

그리고 바람에 흔들리는 작은 촛불을 들고

사람들이 모여들었다.

사람들이 눈물을 흘린다!

눈물을 흘리다가 충혈된 눈을 홉뜨고 하늘을 바라본다.

슬픔인지 분노인지 알 수 없다.

바람이 분다!

광장에 바람이 불면 사람들은 안다.

노무현,

그가 사람들과 함께 광장을 가로질러 건너고 있다는 것을……

한까칠 청소년 기자의 가상 인터뷰
갈림길에서 자신에게 부끄럽지 않는 선택을

한까칠 대통령님, 그동안 하늘 나라에서 잘 지내셨는지요. 부엉이 바위에서 고향 마을을 내려다보시니 감회가 새로우시겠군요?

노무현 맞습니다. 맞고요. 이렇게 부엉이 바위에서 내려다보니 제가 살아온 인생, 그리고 제가 사랑했던 국민들을 다시 생각하게 됩니다.

한까칠 대통령님의 인생을 한마디로 표현한다면 '계란으로 바위치기'라고 할 수 있습니다. 쉬운 길을 두고 힘들고 어려운 길을 가신 이유는 무엇입니까?

노무현 저는 인생의 중요한 갈림길에 설 때마다 어떠한 선택이 스스로에게 부끄럽지 않을까를 생각했습니다. 모두들 적당히 타협하라고 할 때, 저는 '아니오'라고 말하기 위해 노력했습니다. 어렵다고 피하거나 뒤로 빠지면 당장은 쉽고 편안할지 모르지만, 먼 훗날 나 스스로를 돌아보았을 때 부끄럽고 비겁하게 느껴진다면, 그것은 올바른 선택이 아니기 때문입니다.

한까칠 대통령님께서 돌아가신 지 몇 해가 지났지만 여전히 많은 사람들이 이곳 봉하마을을 찾고 있습니다. 그 이유는 무엇이라고 생각하십니까?

노무현 많은 국민들이 아직도 저 노무현을 찾는 이유는 제가 훌륭해서라기보다는 아직 이루지 못한 꿈이 있기 때문이라고 생각합니다. 제가 꿈꾸었던 '사람 사는 세상'은 아직 미완성입니다. 이곳을 찾아오시는 국민들 역시 '사람 사는 세상'을 꿈꾸는 분들입니다. 아직 이루지 못한 꿈, 하지만 우리가 끊임없이 꿈꾸며 만들어 가야 할 세상이기에 많은 분들이 이곳에서 찾아와 꿈을 향한 의지를 되새기고 싶어 하는 것이라고 생각합니다.

한까칠   대통령님께서는 마지막 유언으로 '아주 작은 비석' 하나만 남기라고 하셨습니다. 저 밑에 보이는 비석이 마음에 드십니까?

노무현   많은 분들께서 십시일반 정성을 모아 만들어 주셨으니 너무 감사할 따름이지요. 하지만 제가 생각했던 것보다 너무 큰 비석이라 조금 부담도 됩니다.

한까칠   대통령님, 저기 보세요. 이번엔 꼬마 유치원생들이 왔네요. 반가운 바람으로 맞아 주세요.

노무현   하하하! 좋습니다. 야! 기분 좋다!

노무현 연표

1940

1946 아버지 노판석, 어머니 이순례
씨 사이에서 3남 2녀 중 막내로 출생

1950

1959 진영중학교 입학
1960 이승만 대통령 생일 기념 글짓
기 거부

1959 티베트 봉기
1960 4 · 19 혁명
1960 경제협력개발기구 (OECD) 설립

1960

1963 부산상고 장학생 입학
1966 고시 공부 시작
1968 육군 입대

1961 5 · 16 군사 쿠데타
1961 존 F. 케네디 미국 대통령 취임
1963 박정희 대통령 당선
1963 남베트남 군사 쿠데타
1966 중국 문화대혁명
1968 1 · 21 사태
1968 푸에블로 호 납치사건

1970

1971 육군 제대
1973 권양숙씨와 결혼, 맏형 교통사
고로 사망
1975 제17회 사법고시 합격
1977 판사 부임
1978 변호사 개업

1972 10월 유신 선포
1973 제1차 석유 파동
1975 레바논 내전 발발
1978 교황 요한 바오로 2세 서임
1980 5 · 18 광주 민주화 운동
1980 이란 · 이라크 전쟁 발발

1980

1981 부림사건 변론
1982 부산 미국문화원 방화사건 변론
1985 부산 민주시민협의회 상임위원
1987 민주헌법쟁취 국민운동 부산본
부 위원장, 대우조선 노조 제3자
개입 혐의로 구속
1988 제13대 국회의원 당선

1981 로널드 레이건 미국 대통령 취임
1982 포클랜드 전쟁
1987 6월 항쟁
1988 대통령 직접 선거 실시

1990

1992 제14대 국회의원 낙선
1995 부산시장 선거 낙선
1998 종로 보궐선거 당선
2000 제15대 국회의원 낙선, 팬클럽
노사모 탄생, 해양수산부 장관

1992 로스앤젤레스 폭동
1995 삼풍백화점 붕괴 사고
1995 세계무역기구(WTO) 출범
1998 김대중 대통령 취임
1998 코소보 분쟁
2000 남북 정상회담

2000

2002 16대 대통령 당선
2004 한나라당, 대통령 탄핵
2007 남북 정상회담
2008 대통령 퇴임 후 봉하마을로
귀향, 봉하마을 생태운동 시작
2009 검찰 출두, 부엉위 바위에서
투신 서거

2002 제2연평해전
2008 이명박 대통령 취임
2008 중국 쓰촨성 지진
2009 오바마 미국 대통령 취임

바보 노무현
당신의 뜻을 잊지 않겠습니다